BASTEI
LÜBBE
TASCHENBUCH

Weitere Titel der Autoren:

Dumm kickt gut
Naturdoping (mit Hademar Bankhofer)

Titel auch als E-Book erhältlich

Über die Autoren:

Prof. Dr. Ingo Froböse ist Leiter des Zentrums für Gesundheit sowie des Instituts für Bewegungstherapie der Deutschen Sporthochschule Köln und Sachverständiger des Bundestages in Fragen der Prävention. Als Autor u. a. von ihm erschienen: *Versteckte Krankheiten, Vital ab 50, Das Anti-JoJo-Prinzip* und *Training in der Therapie*. Peter Großmann ist Diplom-Sportlehrer, Sportmoderator des ARD *Morgenmagazins* und arbeitet als freier Journalist für zahlreiche Hörfunk- und Fernsehsendungen des WDR. Er ist Autor von: *Naturdoping – Fit ohne fiese Tricks* (mit Prof. Hademar Bankhofer) und *Dumm kickt gut*.

Ingo Froböse & Peter Großmann

Ist es wahre Leidenschaft ... oder nur erhöhter Blutdruck?

Gute Gründe, das Alter
nicht zu ernst zu nehmen

BASTEI
LÜBBE
TASCHENBUCH

BASTEI LÜBBE TASCHENBUCH
Band 60670

1. Auflage: Juli 2012

Dieser Titel ist auch als E-Book erschienen

Bastei Lübbe Taschenbuch in der Bastei Lübbe GmbH & Co. KG

Originalausgabe

Sie finden uns im Internet unter
www.luebbe.de
Bitte beachten Sie auch: www.lesejury.de

Inhalt

Kapitel 3

Kapitel 4

Kapitel 5

Kapitel 6

Kapitel 7

Kapitel 8

Kapitel 9

Kapitel 10

Einleitung

Jedes Jahr steigt die durchschnittliche Lebenserwartung der Menschen in Deutschland um drei Monate. Zurzeit liegt sie bei den Männern bei 78 Jahren, Frauen werden im Durchschnitt sogar 83 Jahre alt. Und im Jahr 2050 wird die Lebenserwartung für Frauen wie Männer um weitere fünf Jahre gestiegen sein.

Und hat man erst einmal die magischen 80 gesund überschritten, hält das Alter eine echte Überraschung für uns bereit: Es wird dann immer unwahrscheinlicher, an einer Erkrankung zu sterben. Wer also 85 ist, hat das Schlimmste sozusagen überstanden.

Was wir Fünfziger – echte oder falsche – anstreben sollten, liegt also auf der Hand. Wir sollten versuchen, eine möglichst weite Strecke im ewigen Lauf des Lebens zurückzulegen. Und dabei sollten wir uns nicht verrückt machen lassen von all den ständig neuen Katastrophenmeldungen. Demenz, Alzheimer und Krebs sind zwar Krankheiten, die uns meist im Alter ereilen, aber man kann die Zahlen auch mal anders lesen. Für die Betroffenen ist es zwar schlimm, aber es sind »nur« zwei bis drei Prozent der Siebzigjährigen, die tatsächlich an Demenz erkrankt sind. Die Zahl steigt zwar bei den Neunzigjährigen auf 35 Prozent an, aber mal ehrlich: In dem Alter können

11

wir uns die ein oder andere Vergesslichkeit doch leisten, oder?

Dieses Phänomen kann man auch am Beispiel des Prostatakrebs verdeutlichen. Würde man bei allen achtzigjährigen Männern die Prostata in Scheiben schneiden, würde man bei siebzig bis achtzig Prozent Krebs entdecken. Aber die Untersuchungen zeigen auch, dass die meisten älteren Menschen nicht wegen, sondern mit diesem Krebs ihr Leben beenden.

Und an dem Gerücht, dass Sie länger leben, nur weil Sie öfter zum Arzt gehen, ist auch nicht so viel dran, wie Sie vielleicht denken. Menschen im Rentenalter tun das plötzlich viermal häufiger als früher, sagen Statistiken der Krankenkassen. Medizinische Gründe muss das nicht unbedingt haben. Überhaupt begeben sich die Deutschen recht häufig in die Obhut der Weißkittel, im Schnitt ganze 18-mal im Jahr. Dabei leben sie längst nicht so lang wie zum Beispiel die Schweden, und die gehen nur dreimal im Jahr zum Arzt.

Und dann gibt es da dieses Heer an sogenannten »Self Hackern«, die permanent Puls, Blutdruck, Gewicht und Körperumfang messen, obwohl ein ständiges Checken der Körperdaten den Menschen nicht gesünder macht, genauso wenig wie häufige Arztbesuche. Eine größere Gesundheitskompetenz wäre sicherlich die bessere Voraussetzung, um möglichst lange gesund zu bleiben, sowie eine »gesündere« Sicht auf die Dinge.

Dieses Buches wird zeigen, dass unsere Einstellung zum Alter von entscheidender Bedeutung dafür ist, wie wir altern und wahrscheinlich auch wie alt wir werden. Es mag

Sie überraschen, aber wir können etwas tun, damit der allseits prognostizierte senile Dämmerschlaf uns so spät wie möglich übermannt.

Stellen wir uns doch einfach einmal vor, wir hätten aus irgendeinem Grund keine Kriterien, nach denen wir den Lauf der Jahre einteilen. Für wie alt würden wir uns wohl halten, wenn wir gar nicht wüssten, wo wir uns auf der Altersskala befinden? Dies fragt sich Sherwin B. Nuland in seinem Buch »Die Kunst zu altern«. Und die Antworten, die er findet, sind sehr spannend.

Keiner könnte sich, so seine Botschaft, wie ein 45-Jähriger verhalten, weil er ja nicht wüsste, wie alt er ist. Eine Beurteilung der Menschen nach ihrem Alter würde so gar nicht mehr stattfinden.

Wäre es nicht schön, wenn am Morgen nach dem 50. Geburtstag niemand mehr die obligatorische Frage stellen würde: »Na, wie fühlt man sich so mit fünfzig?« Und wäre es nicht traumhaft, wenn man auf die gequälte Antwort verzichten könnte: »Auch nicht anders als mit 49!« Denn wer glaubt in dieser Situation schon an seine eigenen Worte? Weiß man doch, dass das Überschreiten dieser magischen Zahlengrenze sehr wohl eine Bedeutung hat. Plötzlich wird man zum *Best Ager*, zum Ziel von Werbekampagnen, zum Vorsorgesubjekt – man beginnt sich alt zu fühlen, weil man für alt gehalten wird.

Und es wird immer mehr Alte geben. 2050 werden bereits zwei Milliarden Menschen über sechzig Jahre alt sein. Und Sie gehören dann auch dazu. Vielleicht sind Sie dann aber auch bereits einer der vier Millionen prognostizierten 100-Jährigen. Ich wünsche es Ihnen, denn alle Experten sind sich einig: Nie war die Chance größer, gesund und lange zu altern.

Dieses Buch liefert hierzu zwar nicht die Bedienungs- anleitung – so einfach kann ich es Ihnen leider nicht ma- chen. Aber vielleicht sind Sie nach der Lektüre des Buches genauso optimistisch wie ich und können auch von sich behaupten: »Mit fünfzig ist nicht das halbe Leben vorbei, sondern man hat die Hälfte noch vor sich.«

Also stoßen Sie schon mal auf sich an, es geht los!

Kapitel 1

Was darf's denn sein, junger Mann? –
Warum das Alter eine Frage der Perspektive ist

Es gibt so Tage, da möchte man am liebsten im Bett bleiben. Weil man sich einfach nicht wohlfühlt, körperlich nicht auf der Höhe ist, oder vielleicht auch einfach nur so. Damals – als wir noch jünger waren – gab es dafür ganz einfache Erklärungen. Die Fete am Abend zuvor ging bis in die Nacht, der Wein war schlecht, die Musik zu laut. So etwas in dieser Art.

Aber heute, im ergrauenden Alter von fast Ende vierzig, ist das natürlich etwas anderes. Da werden alle möglichen Erklärungsmodelle bemüht, wie sie auch die *Apothekenumschau* im Titel führen könnte: Burn-out-Syndrom, Depression, Hormonumstellung, Bluthochdruck, Herzinsuffizienz und vieles mehr. Die Auswahl an Krankheiten ist in meinem Alter bereits ebenso vielfältig wie Angebote für Riester-Renten.

Man ist eben nicht mehr dreißig. Schlecht geschlafen, in der Nacht aufgewacht, das sind dann keine Zufälle mehr, sondern Hinweise auf einen maroden Zustand, im schlimmsten Falle stecken sich degenerativ verändernde Zellen dahinter. Fazit: altes Eisen, Rost an allen Stellen, brüchig im Anfangsstadium. Zukunftsaussichten: alles andere als rosig, eher grau!

Also wälze ich mich nach durchwachter Nacht aus dem Bett, mache die Kinder für die Schule fertig (ja, auch das machen Männer im hohen Alter manchmal, auch wenn die Boulevardpresse immer behauptet, dass Männer in meinem Alter eher ihre Freundin in die Schule fahren), verabschiede mich von meiner Frau und gehe zum Einkaufen.

Als Erstes begebe ich mich – noch immer durch ein Tal tiefster Depression schreitend – an die Theke des örtlichen Schnitzel-Dealers, um dort acht Scheiben Mortadella mit Pistazien für meine Tochter zu erwerben.

Geduldig warte ich in der Schlange der immer drängelnden Rentnerschar, bis ich der vermutlich gleichaltrigen Fleischerei-Fachverkäuferin in ihre freundlich blitzenden Augen schaue und sie mich begrüßt: »Was darf's denn sein, *junger* Mann?«

Ja, hier finde ich sie, die Erlösung. Hier an der Fleischtheke wird mir attestiert, dass ich doch noch nicht reif für Vorsorgeprogramme und Hilfslieferungen der pharmazeutischen Industrie bin. Ich bin noch da, stehe gerade, hebe mich ab von all den Alten um mich herum, bin stark, bin *jung*!

Also nutze ich die Gelegenheit, tue so, als hätte ich die Verkäuferin nicht verstanden, um mir noch einmal anzuhören, was gerade heute Balsam für meine ergraute Seele ist:

»*Junger* Mann, was darf's denn sein?«

Es ist einfach der ultimative Tipp für alle mit dünner werdenden Haaren. Begeben Sie sich doch auch einfach mal an einen Ort, wo der eigentliche Stand der Dinge noch klar zu Tage tritt. Wo der Vergleich in der Schlange einiges relativiert.

Halten Sie sich dann, so wie ich an jenem Morgen, noch ein bisschen im Schatten der Fleischtheke auf. Vielleicht haben Sie ja genauso viel Glück wie ich, wenn sie wissen wollen, ob an der Wursttheke nicht einfach jeder so angesprochen wird. Der rüstige Rentner mit Schlägerkappe und einem Hang zum Unterhüftgürtel, der nach mir an der Reihe war, wurde jedenfalls von der wurstkundigen Dame hinter dem Tresen an diesem Tag ganz anders begrüßt: »Na Karl, heute das erste Mal wieder ohne Rollator unterwegs?«

Bingo! Der Tag war gerettet. Ich fühlte mich wieder jung, ich konnte es noch allen zeigen: Ich bin noch nicht so alt, wie ich mich manchmal fühle! Kennen wir das nicht alle? Es schmeichelt einem einfach, wenn man als Greis von fast fünfzig zu hören bekommt, dass man so alt aber noch gar nicht aussehe. Manchmal stelle ich mir dann allerdings die Frage, wie man denn eigentlich aussehen muss, um einem bestimmten Alter zu entsprechen.

Gehört der nicht mehr ganz so kleine Bauch einfach dazu, wenn man nicht ständig hören will, dass man irgendwie krank aussieht? Graue Haare scheinen jedenfalls dazuzugehören. Hat man sie nicht, nimmt jeder sofort an, dass die Resthaare ganz sicher entweder gefärbt oder die Locken nicht mehr echt sind.

Ganz frei machen kann sich keiner davon, dass immer und überall verglichen wird – zum Beispiel auf Klassentreffen. Man ist schon froh, wenn man von ehemaligen Mitschülern, die inzwischen selbst unglaublich alt aussehen, nicht mit den Worten begrüßt wird: »Mensch, bist du alt geworden.«

Damit es gar nicht erst so weit kommt, lenkt man besser sofort vom Thema ab: Zum Beispiel machen Bilder von den (hoffentlich) eigenen Kindern jung, die Fotoserie »Mein-Haus-mein-Auto-mein-Boot« lässt Neid aufkommen und lenkt dadurch ebenfalls vom eigentlichen Kriegsschauplatz ab.

Und dann gilt es, sein eigenes Spiegelbild am anderen Morgen zu ignorieren, wenn man sich im Rückblick auf den Abend fragt, wie es sein kann, dass diese unförmige, aufgeschwemmte, deutlich zu stark geschminkte Dame seinerzeit zum drittbestaussehenden Mädchen der Klasse gewählt wurde.

Man kann es drehen und wenden wie man will, der Begriff »Alter« weckt meist negative Assoziationen. Während den alten Menschen in südlichen Ländern wenigstens Weisheit zugebilligt wird, ist das Alter in Mitteleuropa ein reines Schreckensszenario.

Gehen Sie doch mal in eine Buchhandlung und suchen Sie Bücher zum Thema »Alter«. Da stehen dann so aufbauende Exemplare wie »Sterben in Würde« oder »Wie möchte ich mein Leben beschließen?« Im besten Fall finden Sie ironische bis unterhaltsame Betrachtungen über das Alter.

Auch in den Tageszeitungen häufen sich Beilagen, die speziell die Älteren bedienen wollen: »Magazin für die besten Jahre« heißt so etwas dann zum Beispiel und versorgt uns mit Reportagen über Lese-Omas, Pflegekräfte für Demenzkranke aus Osteuropa und mit Fotowettbewerben wie »Ein Bild vom Enkelkind«. Möchten sie so etwas wirklich lesen, wenn sie merken, dass der Zahn der Zeit gerade an ihnen zu nagen beginnt?

Im biologischen Verständnis bezeichnet Alter nichts weiter als eine bestimmte Lebensphase innerhalb eines Lebenszyklus', in dem die lebende Substanz, also wir alle, einer fortwährenden Wandlung unterzogen ist. Wie diese Lebensphase sich gestaltet, wie man sich fühlt, wie gesund oder krank man ist, wie fit oder schlapp, ist dabei für jeden Menschen völlig unterschiedlich. Das gilt auch für das Aussehen. Denn in all diesen Punkten spielt die Haltung der Gesellschaft gegenüber diesen Fragen eine große Rolle.

Ziehen Sie sich auch mit fast fünfzig noch so an wie Ihre eigene Tochter, mag das für Sie vielleicht normal sein. Für andere ist das eher albern und nicht dem Alter angemessen – besonders wahrscheinlich für Ihre Kinder.

Wie man Sie altersmäßig also einstuft, entscheiden nicht nur Sie selbst, sondern eben auch die anderen. Und so tolerant, wie wir immer alle tun, sind wir noch lange nicht, wobei wir uns besonders gerne auf die sichtbaren Komponenten beziehen. Und welche Optik man in welchem Alter so bietet, hat auch mit ganz viel Glück zu tun, denn das bestimmen im Wesentlichen unsere genetischen Anlagen. Kein kleiner untersetzter Pykniker wird im Alter ein schlanker und großer Leptosom. Oder einfacher: Dirk Bach mutiert nicht plötzlich zu Olli Kahn.

Nur ganz nebenbei: Das Wort »Altern« ist vom indogermanischen Stamm »al« abgeleitet. Und von diesem Stamm abgeleitete Wörter bezeichnen Prozesse, die mit dem Wachsen und Reifen in Verbindung stehen. Und damit ist nicht nur die körperliche Dimension gemeint (wo sollte das bei Dirk Nowitzki auch noch hinführen?), sondern ebenso sehr die geistige.

Man ist so alt, wie man sich fühlt – Wie unsere Vorstellung vom Alter die Lebenserwartung beeinflusst

Einerseits ist das Altern ein lebenslanger Prozess, der auch durch eine Abnahme der Leistungsfähigkeit einzelner Organe gekennzeichnet ist, andererseits nehmen Erfahrung und Wissen im Alter zu. Nun gut, ich gebe zu, das scheint nicht auf jeden zuzutreffen. Doch generell lässt sich das sicherlich so formulieren. Altern beinhaltet Prozesse des Wachsens und Reifens, und das bezieht sich eben nicht nur auf die äußere Schönheit, die sowieso von jedem anders beurteilt wird.

Wann aber ist man überhaupt alt? Am Ende des 19. Jahrhunderts galt man schon ab dreißig als alt, denn scheinbar waren zu diesem Zeitpunkt für die meisten Menschen nicht mehr viele Veränderungen im Leben zu erwarten.

In den Zwanzigerjahren des letzten Jahrhunderts galt man ab fünfzig als alt, da in diesem Alter die zweite Hälfte der damals zu erwartenden maximalen Lebensdauer betrachtet wurde.

Diese Grenze hat sich nach vorne verschoben, sodass sich heute die meiste Forschungsliteratur mit dem Lebensabschnitt ab sechzig beschäftigt. Als wirklich alt gilt man jedoch erst ab achtzig, denn dann hat man ungefähr die mittlere Lebenserwartung erreicht.

Und was ist mit den wenigen 100-Jährigen? Die haben die mittlere Lebenserwartung so weit überschritten, dass sie sich scheinbar sowieso jenseits von Gut und Böse befinden.

So weit der theoretische Blick auf die Frage: »Wann bin ich alt?« Doch es gibt ja auch noch einen subjektiven Blick auf die Dinge, und der wird nicht selten so umschrieben: »Man ist immer so alt, wie man sich fühlt.«

Die Frage also lautet, was wir eigentlich wirklich sehen, wenn wir in den Spiegel blicken? Ist es nur der äußere Verfall, der uns ins Auge springt, Runzeln, graue Haare und Falten, über die man auch mit sehr viel gutem Willen nicht mehr hinwegblicken kann? Sehen wir dabei wirklich uns selbst im Spiegel, oder sehen wir nur das, für das wir uns halten: einen alten Menschen? Oder sehen wir das, was sich andere unter einem alten Menschen vorstellen?

Der Blick auf sich selbst ist nämlich nichts anderes als das Bild, das man sich im Laufe der Jahre von sich gemacht hat. Sie wissen schon, dieses »So bin ich eben, ich kann nicht anders und will so bleiben wie ich bin«-Syndrom. Da möchte man natürlich gerne dran festhalten. Ist ja auch gemütlich, wie man sich so eingerichtet hat in seinem Selbst.

Unser Selbstbild steuert unser Denken, Fühlen und Handeln und drückt sich im Charakter, in der Persönlichkeit, den Idealen und Wünschen aus. Und dieses Selbstbild ist in nicht unerheblichem Maße durch das Fremdbild bestimmt, denn alles, was Dritte über uns denken und mir spiegeln, wirkt direkt auf unser Selbstbewusstsein und Selbstwertgefühl zurück.

Was heißt das aber bei fortschreitender Vergreisung? Aufpassen! Denn das Alter ist heikles Terrain, wenn es um Selbst- und Fremdbild geht. Denn neben der Frage »Wer bin ich?« bekommt plötzlich auch die Frage »Wie sehe ich aus?« wieder eine zentrale Bedeutung. Die meisten im fortgeschrittenen Alter betonen gerne, wie jung sie sich fühlen. Doch bedenken sie dabei stets, dass man sich zwar jung fühlen kann, aber dennoch alt aussieht.

Was also ist denn jetzt die Wahrheit? Nach neuesten Statistiken ist man länger alt als jung, aber trotzdem möchte niemand alt werden. Oder zumindest alt genannt werden. Dann doch lieber *Best Ager*, *Generation 50+*, *Generation Gold*, *Generation Silver Sex*. Aber bitte nicht *Senior*!

Wie aber sieht es denn nun konkret mit der Selbsteinschätzung der Älteren unter uns aus? Die Statistik jedenfalls behauptet, dass wir in der Regel deutlich älter sind, als wir uns fühlen, zumindest, wenn wir bereits älter als siebzig sind. Das belegt eine Studie, die von der University of Michigan und dem Max-Planck-Institut für Bildungsforschung in Berlin durchgeführt wurde. Männer und Frauen über siebzig wurden mit dem Ergebnis zu ihrer Selbsteinschätzung befragt, dass das gefühlte Alter im Schnitt dreizehn Jahre unter dem tatsächlichen liegt. Prima! Aus siebzig mach 57, aus achtzig mach 67. Allerdings wurde auch deutlich, dass dies nicht mehr stimmt, wenn die Befragten bereits Erfahrungen mit Alterskrankheiten gemacht hatten, dann verringerte sich der Abstand zwischen gefühltem und tatsächlichem Alter.

Vieles deutet darauf hin, dass die Einstellung zum eigenen Alter Einfluss auf die Lebenserwartung hat. Oder einfacher ausgedrückt: Wer sich jünger fühlt, hat auch eine höhere Chance, länger zu leben.

Glaubt man ähnlichen Untersuchungen, so gibt es auch einen Zusammenhang zwischen dem subjektiv empfundenen Alter und dem Glauben an die eigenen geistigen Fähigkeiten bei älteren Menschen. So untersuchte die Purdue University 500 Menschen zwischen 55 und 74 Jahren und befragte sie nach ihrem gefühlten Alter. Das Ergebnis: Die Mehrheit gab an, sich subjektiv zwölf Jahre jünger zu fühlen, als sie wirklich war. Zehn Jahre später befragt, hatten diejenigen, die sich für ihr Alter noch jung fühlten, auch mehr Vertrauen in ihre geistigen Fähigkeiten. Die Botschaft ist auch hier eindeutig: Ja, das biologische Alter spielt eine Rolle, aber das subjektiv empfundene Alter hat den größeren Einfluss auf die Lebensqualität.

Und auch die Vorstellungen, die wir uns vom Älterwerden machen, beeinflussen anscheinend unsere Lebenserwartung. So hat die Sozialpsychologin Ellen Langer entdeckt, dass wir stark von unseren eigenen Bildern über das Alter geprägt werden. Und auch andere Altersforscher bestätigen, dass sich die entscheidenden Dinge in Bezug auf das Älterwerden im Kopf abspielen. Wer sich auch im Alter noch zutraut, bestimmte Dinge zu tun und einen eigenen Lebensentwurf hat, dessen Chancen sind höher, auch länger zu leben. Psychologen nennen diese lebensverlängernde Eigenschaft eine hohe Selbstwirksamkeitserwartung oder

»self-efficiency«. Eine Studie aus Ohio bestätigt dies: Menschen, die das Alter positiv betrachten, lebten im Schnitt 7,5 Jahre länger als jene, die eine negative Haltung hatten.

So einfach ist das also? Wir müssen nur positiv über das Alter denken und uns jung fühlen, um den Code für ein langes Leben zu knacken.

Das Bildnis des Dorian Gray –
Warum die ewige Jugend ein Trugbild ist

So einfach ist es nun wieder auch nicht. Denn das Streben danach, sich ewig jung zu fühlen, hat auch so seine Schattenseiten. Und die haben auch einen Namen. Gestatten, Dorian Gray!

Literarisch vorgebildete Personen wissen, wovon ich spreche. Es geht um diese berühmte Figur in dem Roman »Das Bildnis des Dorian Gray« des irischen Schriftstellers Oscar Wilde: Die Hauptfigur in diesem Roman, der reiche und schöne Dorian Gray, besitzt ein Porträt von sich selbst, das statt seiner altert und in das sich die Spuren seiner Sünden einschreiben. Während Gray immer maßloser und grausamer wird, bleibt sein Äußeres jung und makellos schön.

Eine Vorstellung, die sich gerade heute auf viele, oft auch prominente Zeitgenossen übertragen lässt. Ein bisschen schnippeln hier, ein bisschen straffen und spritzen dort. Fertig ist das Traum- und Trugbild, dass man Alterungsvorgänge einfach aufhalten oder dauerhaft unsichtbar machen könne.

Das Dorian-Gray-Syndrom nennt dies daher auch der Gießener Psychologe Burkhard Brosig und meint damit die klinische Beschreibung von Menschen, die unfähig sind, zu altern und seelisch zu reifen. Nach seinen Schätzungen betrifft dieses Syndrom zwei bis drei Prozent der Bevölkerung. Die Symptome: Ablehnung der eigenen Gestalt und der exzessive Gebrauch von so beliebten Lifestyle-Produkten wie Haarwuchs- und Diätmittel oder Potenzpillen, aber auch der Gebrauch von Antidepressiva zur Stimmungsmanipulation. Zusätzlich nehmen diese Menschen gerne Angebote der ästhetischen Chirurgie und der kosmetischen Dermatologie in Anspruch. Frei nach dem Motto: Bloß nicht lachen, sonst reißt das Gesicht.

Es geht um nichts anderes mehr, als äußere Perfektion zu erlangen, um so die ewige Jugend zu finden. Schließlich wird der Makel zum Mittelpunkt des Lebens.

Auch wenn die Betroffenen keine organischen Krankheiten haben, setzten sie sich den Nebenwirkungen von Medikamenten oder Operationen aus, deren Nutzen oftmals fraglich ist. Und auf die Freude über die neue Schönheit folgt die Enttäuschung, wenn ein neuer Makel entdeckt wird. Ein Schönheitsideal, dem man vielleicht näher kommt, das man aber niemals wirklich erreicht. Oft steht am Ende dieser Entwicklung der Gang zum Psychologen und manchmal sogar der Einsatz von Psychopharmaka.

Wenn sie beim Lesen jetzt einen Schreck bekommen haben, weil sie sich dabei ertappen, auch schon mal mit dem Gedanken gespielt zu haben, hier und da was machen zu lassen, keine Sorge, das geht wahrscheinlich jedem von uns ab und zu so. Und eigentlich ist doch auch nicht die wahrscheinlich völlig nutzlose Anti-Faltencreme das Problem, sondern eher die Tatsache, dass in der Gesellschaft offensichtlich ein Bild übers Älterwerden vorherrscht, das uns scheinbar zwingt, über solche Maßnahmen überhaupt nachzudenken.

Laut *Bildwoche* sehnt sich jeder vierte nach einer Operation an den Schwachstellen der Genetik, nicht wenige davon erfüllen sich diesen Traum auch. Wer hat nicht schon einmal von den Auswüchsen in diesem Zusammenhang gehört: Mütter schenken ihren 15-jährigen Töchtern eine Brust-OP, Frauen lassen sich die Vagina verkleinern, Männer lassen sich Fett absaugen und das Gesicht straffen, bis das Reden schwerfällt. Übrigens werden zehn Prozent aller Schönheitsoperationen an Männern durchgeführt.

Aber sollte Silvio Berlusconi wirklich unser Vorbild sein? Die Hülle scheint noch ganz passabel, aber innerlich ist der Zersetzungsprozess nicht aufzuhalten. Umfragen ergeben, dass ein Viertel aller Männer und Frauen keinen großen Unterschied sehen zwischen einer Zahnkorrektur und einem ästhetischen Eingriff, und fast 20 Prozent aller Frauen unter dreißig meinen, dass sie es im Leben leichter hätten, wenn sie sich einer Schönheitsoperation unterziehen würden. Es scheint längst nicht mehr zu stimmen, dass wahre Schönheit von innen kommt.

Das Leben verlängern all diese Maßnahmen nicht, sie lassen einen im besten Falle in subjektiver Schönheit sterben. Ob das am Ende hilft, darf stark bezweifelt werden.

Graue Haare, wohin man schaut –
Wir dürfen uns jünger fühlen, als wir sind

Attraktive Menschen haben es leichter. Das beweisen viele Untersuchungen. Schöne Menschen werden bei gleicher Leistung besser beurteilt, bekommen eher eine Arbeitsstelle, verdienen mehr, werden vor Gericht weniger oft schuldig gesprochen. Unbewusst schreiben wir attraktiven Menschen positivere Charaktereigenschaften zu. Doch kann man überhaupt noch als attraktiv gelten, wenn sich die Zeichen des Alters einstellen?

Die 52-jährige Texanerin Sandra Rawline, Bereichsleiterin einer Immobilienfirma, war eigentlich ganz zufrieden – mit ihrem Job und mit ihrem Aussehen allemal. Als das Unternehmen sein Image überarbeiten und sich »jünger« präsentieren wollte, erwartete der Chef der glücklichen Texanerin plötzlich, dass seine weiblichen Angestellten flottere Kostüme und mehr Schmuck trugen. Bei Sandra Rawline allerdings reichten ihm diese Maßnahmen nicht. Sie solle auch ihre grauen Haare färben, meinte der Chef. Als sich Rawline weigerte, war sie ihren Job los, von einer Woche auf die andere. Ihre Stelle ging an eine zehn Jahre jüngere Kollegin. Graue Haare, sagte die 52-Jährige, habe sie schon mit zwanzig gehabt. »Das gehört einfach zu mir«, so ihr Credo. Sie klagte wegen Diskriminierung, ihr Chef fand andere Gründe für die Entlassung. Der Anwalt von Sandra Rawline jedenfalls stellte klar: Niemand solle sich wegen seines Alters schämen müssen.

Wie deutlich zeigt sich hier, dass eine große Lücke klafft

zwischen der Forderung nach einem positiven Umgang mit dem Älterwerden und der realen Akzeptanz der Begleiterscheinungen des Alters in der Gesellschaft. Damit ist es nicht so weit her. Und das, obwohl doch so oft betont wird, dass schöne Menschen von innen heraus strahlen, auch wenn Haut und Haare altern, und dass Weisheit durch Lebenserfahrung, Wissen, Fertigkeiten und eine gereifte Persönlichkeit einen tieferen Wert besitzt als das Vergängliche an unseren Körpern.

Die Bremer Psychologieprofessorin Ursula Staudinger macht uns jedenfalls Mut. Das kalendarische und das biologische Alter scheinen tatsächlich immer weiter auseinander zu liegen. Von Generation zu Generation finden fünf bis acht Jahre biologische Verjüngung statt.

Generell scheint es eine unserer Psyche innewohnende Funktion zu sein, einen Unterschied zwischen kalendarischem und gefühltem Alter zu machen – wir vergleichen uns mit anderen, damit wir uns gut fühlen. Doch es ist heute eben auch nicht ohne biologischen Hintergrund, dass sich ein Neunzigjähriger jünger fühlt als vor fünfzig Jahren. »Die Realität des Alterns ändert sich eben auch, die Leute sind heute mit siebzig biologisch jünger als früher. Deshalb gibt es auch einen faktischen Grund, sich jünger zu fühlen«, bestätigt Staudinger.

Und es gibt da eine Rückkopplung: Wer sich jünger fühlt als er ist, nimmt die positiven Seiten des Älterwerdens stärker wahr, und umgekehrt, das bestätigen auch andere Forschungen.

Na also! Es geht doch. Verblüffen Sie mit Ihrem Alter! Holen Sie sich ein gepflegtes »Das hätte ich nicht gedacht« ab, wenn die Sprache auf Ihr Alter kommt. Denn wie wir gesehen haben, gibt es gerade heute gute Gründe, uns jünger zu fühlen, als wir sind. Und sei's drum, dass Ihr Gegenüber Ihnen nur ein bisschen Honig um den Bart schmieren möchte. Denn inzwischen wissen wir schließlich, ein positives Fremdbild verschafft Selbstbewusstsein.

Wie Sie sich fühlen und wie alt Sie wirklich sind, entscheiden nur zu einem Drittel Ihre Gene. Alles andere steuert Ihr Verhalten und vor allem Ihre Einstellung.

Und so komme ich noch einmal auf meinen kleinen Tipp mit der Fleischtheke zurück. Falls es Ihnen einmal schlecht geht, weil Sie sich viel zu alt fühlen, halten Sie sich doch einfach eine Zeit lang in einer Gruppe viel älterer Menschen auf.

Die Wissenschaft stützt meine These: Zwei Psychologen an der Universität Jena haben nämlich bestätigt, dass man dann tatsächlich von anderen noch jünger eingeschätzt wird, als man sich sowieso schon fühlt. Leider gilt das natürlich auch umgekehrt. Ist man von lauter jungen Menschen umgeben, wirkt man noch älter, als man sich fühlt.

Überlegen Sie also gut, welche Kneipe Sie sich für ein erstes Date aussuchen. Im Zweifel dann doch lieber zum Tee ins Seniorenheim.

Wo ist nur die Zeit geblieben? –
Warum unsere Kinder schneller altern als wir

Neulich brauchte ich einen neuen Personalausweis und benötigte dazu ein aktuelles Passbild. Das alte Passbild war fast 15 Jahre alt, aber ich hätte es immer noch benutzen können, meinte jedenfalls mein Fotograf. Ich sei auch nach 15 Jahren noch gut auf dem Bild zu erkennen, so viel hätte sich da in den letzten Jahren nicht geändert. Und tatsächlich schreibt das Passgesetz vor, dass man ab dem 24. Lebensjahr nur noch alle zehn Jahre ein neues Passbild benötigt.

Wir altern im Laufe unseres Lebens in unterschiedlichen Geschwindigkeiten. Beschränkt man den Vorgang des Alterns auf den Prozess der Veränderung unserer sechzig bis hundert Billionen Körperzellen, aus denen wir zusammengesetzt sind, so zeigt sich, dass unser Körper im Mutterleib und in den ersten Lebensjahren den größten Veränderungen unterliegt und so gesehen am schnellsten altert.

Die Forschung ist sich derzeit weitgehend einig, dass das genetische Programm unserer Körperzellen auf etwa 120 Jahre angelegt ist. Während dieser Zeit teilen sich die Zellen unseres Körpers nahezu fortwährend. Dabei werden beschädigte Zellen repariert oder durch neue ersetzt.

Die erste Teilung der Eizelle ist der Beginn einer fortwährenden Zellteilung, sodass wir, wenn wir das Licht der Welt erblicken, bereits aus zwei Billionen Zellen bestehen – eine unvorstellbar große Zahl. Würden Sie jeweils eine Sekunde brauchen, um eine Zelle zu zählen, wären dafür fast 30 000 Jahre nötig. – Somit sind bereits mit der

Geburt mehr als fünfzig Prozent aller Teilungsprozesse im menschlichen Organismus – und somit auch des Alterungsprozesses – abgeschlossen.

Die allermeisten unserer Zellen werden übrigens nicht annähernd so alt wie wir selbst. Sie sterben weit vor unserem Tod, oft leben sie nur Stunden oder Tage. Nur wenige Zellen des Organismus werden zu alten Vertrauten, und deswegen produziert der Körper, allein um das Blut frisch zu halten, die astronomische Zahl von 10 000 Milliarden unserer Zellen täglich neu. Allein 200 Milliarden rote Blutkörperchen verbraucht ein erwachsener Mensch jeden Tag, die ständig neu aufgebaut werden.

Sind Säuglinge eigentlich jung?

Blöde Frage, sagen Sie? Aber denken Sie einmal darüber nach, dass Säuglinge aus den Zellen der Eltern entstehen, und die sind in der Regel zwischen zwanzig und dreißig Jahre alt, immer häufiger sogar schon über vierzig. Und dennoch scheint der Säugling immer frisch und jung auf die Welt zu kommen, entstanden aus einer Keimzelle der Mutter, die bei seiner Entstehung schon vierzig Jahre alt ist.

Dabei handelt es sich um ein spezielles »Verjüngungs-Programm«, das sich die Natur ausgedacht hat. Die Eizellen der Frau werden nämlich noch vor der Geburt im fünften Schwangerschaftsmonat angelegt und bleiben von da an unverändert, denn diese Zellen teilen sich nicht. Zwar unterliegen auch sie Umwelteinflüssen, aber ihre Lebensuhr startet immer wieder bei null. Ein spezieller Reparaturmechanismus beseitigt alle eventuell eintretenden Schäden sofort wieder, die Zellen bleiben »frisch«.

Lebensdauer menschlicher Zellen:
Haut: < 2 Wochen
Blut: 120 Tage
Leber: 300 Tage
Knochen: 10 Jahre
Muskeln: 15 Jahre
Auge: lebenslang

Die ständige Erneuerung der Zellen schützt den Organismus vor vielen Fehlentwicklungen und Krankheiten. Doch gleichzeitig ist der Teilungsprozess selbst nicht ungefährlich. Denn obwohl eine riesige Armee von Helfern die Zellteilung überwacht, schleichen sich beim ständigen Kopieren mit großer Wahrscheinlichkeit auch Fehler ein. Dann kapituliert die Zelle und begeht »Selbstmord«. Da in jungen Jahren mehr Zellteilungen ablaufen, ist auch die Gefahr eines Zellfehlers und der darauf folgenden Zelltötung in der Jugend deutlich größer. Im Umkehrschluss kann man sagen, dass die Entartung von Zellen bei Tumoren in der zweiten Lebenshälfte deutlich langsamer ablaufen wird, da auch die Teilungsprozesse gehemmter verlaufen.

In einer abgelegenen Region in Ecuador tritt ein Gendefekt auf, der bewirkt, dass die Eltern älter als ihre Kinder werden. Dort gibt es eine kleine Gruppe von Menschen, die unter dem seltenen Laron-Syndrom leiden.

Die Betroffenen kommen ganz normal zur Welt, wachsen dann jedoch nur noch sehr langsam. Meist werden sie nicht größer als 130 cm. Schuld daran ist ein Gendefekt, der bewirkt, dass Wachstumshormone ihre Wirkung nicht entfalten können. Doch gleichzeitig schützt dieser Defekt vor Diabetes und Krebserkrankungen, den typischen Alterskrankheiten.

Natürlich ist dieses Phänomen ein gefundenes Fressen für die Pharmakonzerne. Derzeit werden Medikamente aber auch Diäten erprobt, die eine ähnliche Wirkung entfalten und die Wirkung des Wachstumshormones hemmen sollen. Warten wir ab, was passiert.

Man könnte also sagen, dass sich das eigentliche Altern bereits in den ersten zwanzig Lebensjahren im Inneren unseres Körpers abspielt. Das sichtbare Altern, zum Beispiel die Entwicklung von Falten, ist lediglich ein äußerliches Anzeichen dieses Prozesses, und auch dieses äußere Altern hat seinen Ausgangspunkt bereits in den ersten Lebensjahrzehnten, weil dort die Basis für den weiteren Lebensverlauf gelegt wird. Im Laufe des Lebens sind unsere Zellen unzähligen Angriffen von den verschiedensten Seiten ausgesetzt. Umwelteinflüsse und unser Lebensstil fordern das körpereigene Abwehr- und Reparatursystem unseres Körpers ständig heraus.

Besonders die »freien Radikale« sind richtige Terroristen, die die Membranen der Zellen nachhaltig schädigen. Freie Radikale sind Zwischenprodukte des Sauerstoffes, die beim Stoffwechsel in den Zellen entstehen. Es handelt sich um hochreaktive Molekülfragmente, denen ein Elektron fehlt. Um dieses Elektron wiederzuerlangen greifen sie Fette, Eiweiße und sogar unsere Erbsubstanz an, und bringen sich selbst so wieder in einen stabilen Zustand. Der »Bestohlene« marschiert in der Folge selber los, um sich seinerseits wieder in einen stabilen Zustand zu bringen, so dass eine Kettenreaktion entsteht. Die Radikale haben es besonders auf Fettsäuren abgesehen (hört sich doch eigentlich super an, oder?), die wiederum ein wichtiger Baustein in der Zellmembran sind. So können sie die Membranen durchlöchern, und die Zelle kann in der Folge nicht mehr richtig arbeiten. Oder aber sie reißen die Hüllen der Zellen auf, so dass der Zelleninhalt wie bei einer Explosion herausgeschleudert wird. Und auch das passiert bereits in jungen Jahren. Unmerklich, aber heimtückisch!

Mit zunehmendem Alter reduziert sich die Geschwindigkeit dieses Alterungsprozesses. Langsamkeit macht also durchaus Sinn. Wollen die Jungen möglichst schnell älter werden, wollen die Alten das gerade nicht. Im Körper funktioniert das ganz ähnlich. Zunächst wie im Fluge und später ganz ruhig.

Subjektiv ist das jedoch genau umgekehrt. Fragen Sie doch mal Ihre Kinder, wie lange es nach ihrem Empfinden gedauert hat, bis sie endlich in die Schule gehen durften. Sicher eine Ewigkeit. Für Babys ist alles neu und unbekannt und oft voller Emotionen. Sie werden Ihre Kinder kaum fragen können, was sie im Urlaub machen wollen, wenn der erst in vier Wochen ansteht. Vier Wochen sind für Kinder ein kaum zu überschauender Zeitraum.

Und im Teenager-Alter bedeuten in der Phase der Erforschung des anderen Geschlechts »drei Wochen zusammen gehen« so viel wie Silberhochzeit feiern. Auch junge Mütter haben den Eindruck, dass die Jahre, in denen sie mit den Kindern zusammen waren, langsamer vergingen und intensiver waren.

Irgendwann kommt dann jedoch der Moment, an dem man sich zu fragen beginnt: Wo ist die Zeit geblieben? Schon wieder ist ein Jahr um, und man weiß nicht mehr, wie es so schnell zu Ende gegangen ist. Mit zunehmendem Alter scheinen die Jahre subjektiv nur so vorbeizufliegen. Komisch, aber wahr!

Das liegt daran, dass Kindern ständig Neues widerfährt. Ein Ereignis jagt das andere. Und all diese neuen Erlebnisse bleiben haften und werden gespeichert, werden intensiv erlebt und gelebt. In der zweiten Lebenshälfte gibt es deutlich weniger neue Ereignisse. Routinen werden kaum noch gespeichert, und nur noch einzelne tiefgreifende Ereignisse finden den Weg ins Gedächtnis. Der vergangene Tag verblasst schnell, im Gehirn wird nichts gespeichert – was sollte das auch sein? So geht es tagein und tagaus, und die Tage vergehen, als hätte es sie nie gegeben.

Man könnte also tatsächlich formulieren, dass unsere Kinder biologisch betrachtet viel schneller altern als wir, nur dass die Zeit für sie rein subjektiv gesehen viel langsamer vergeht.

Sie möchten auch gerne, dass die Zeit wieder langsamer vergeht? Sie möchten sich dieses Gefühl aus der Kindheit zurückerobern? Dann gebe ich Ihnen folgenden Rat für ein Leben in Zeitlupe: Verschieben Sie die schönen Dinge des Lebens nicht auf später. Ich höre oft Sätze wie: »Wenn ich erst in Rente bin, dann hole ich alles nach« oder »Später bin ich nur noch unterwegs«.

Statistisch betrachtet sind das Utopien. Nur etwa 15 Prozent der Rentner erfüllen sich diese lang gehegten Wünsche. Die meisten machen fast nichts und vor allem nichts Neues. Es gibt viele Gründe und Ursachen dafür, dass das so ist. Krankheiten, familiäre Bindungen, die Enkelkinder und vieles mehr lassen im Alter – besonders nach der Rente – die Träume und Visionen von einst in den Hintergrund treten.

Denken Sie doch ab und zu mal an Ihre eigenen Worte. Verwirklichen Sie all die Dinge, die Sie sich immer erträumt haben. Leben Sie im Hier und Jetzt, und verschieben Sie gerade die schönen Dinge des Lebens nicht auf später. Ihre Kinder würden das auch nicht machen. Die würden jederzeit sofort zugreifen. Leben heißt nämlich immer noch »leben«, und das mit ganz viel Genuss. Füllen Sie Ihr Leben mit vielen neuen und genussvollen Inhalten, und Sie werden mehr vom Leben haben. Und dann wird auch die Zeit wieder langsamer vergehen, hoffentlich wie in Zeitlupe. Erfüllte Träume für ein Leben, das subjektiv betrachtet immer länger wird – das ist kein Traum, wenn Sie ihn sich erfüllen!

Kapitel 2

Das tut man doch nicht mehr! –
Weshalb Sex auch im Alter noch Spaß macht

»Aus den Träumen des Frühlings wird im Herbst Marmelade gemacht«, hat ein poetischer Kopf mit Namen Peter Bamm einmal gesagt. Womit wir sofort beim Thema sind:

Wäre das nicht eine schöne Vorstellung: Nach den Frühlingsgefühlen und der Sturm-und-Drang-Zeit wird im Alter geerntet. Und lecker wird es und … süß! Welch eine Verheißung! Schlecken wir uns, wie es in dem Film 9 ½ Wochen Kim Basinger und Mickey Rourke tun, die süßen Säfte von unseren immer noch straffen Körpern und fallen übereinander her. Stopp! Ich schweife ab. Altherrenträume. Das ist was für die Jugend. Wir sind anders.

Ich muss daran denken, was ich in der Zeitung las: Im malaysischen Bundesstaat Terenggau scheint es nicht weit her zu sein mit Marmelade und süßer Verführung. Hohe Scheidungsraten und eine schwindende Lust auf »Nascherei am Partner« führen zu extrem hohen Scheidungsraten im Alter. Jede dritte Ehe scheitert. Die schlauen Behörden erkannten schnell, dass möglicherweise die Unlust am Sex eine große Rolle bei den Trennungen spielen könnte, denn die Partner schliefen oftmals in getrennten Schlafzimmern.

Ein Beamter der staatlichen Stiftung für Familienförderung hatte daraufhin eine Idee, wie man »die Dinge weiter aufregend hält«. Wochenendseminare sollen den Ehepartnern neue Lust am Sex vermitteln. So sollen frischvermählte Paare »Sexkurse« bekommen. Zerstrittenen Paaren und solchen, die von der Trennung bedroht sind, werden sogar zweite Flitterwochen auf einer Ferieninsel spendiert. Vielleicht gibt es zum Frühstück dann ja Marmelade.

Ja, es gibt schon skurrile Geschichten zwischen Midlife-Crisis und Vergreisung. Und die meisten denken, damit hätten sie nichts zu tun. Doch gerade beim Thema Sex und – sagen wir mal vorsichtig – zeitlich fortgeschrittener Lebenszeit kommen die Einschläge schneller näher als man denkt. Auch wenn Sie zurzeit noch dazu neigen, sich über die, die darüber reden und nachdenken, zu amüsieren. Frei nach dem Motto: Ich habe da keine Probleme. Ich bin ein Stier, meine Frau findet mich super, und wir kommen tagelang gar nicht aus den Betten. Wie bitte? Wer soll Ihnen das denn glauben?

Wenn man über Sex und Lust und das fortschreitende Alter sprechen möchte, fällt doch vor allem auf, dass meist niemand mehr darüber redet, weil es zu peinlich ist, den aktuellen Wahrheiten ins Gesicht zu sehen.

Denn in Wahrheit sieht es doch so aus: Mit fünfzig kurz vor dem Exitus ist an Sex nicht mehr zu denken. Mann kann nicht, Frau will nicht. So die einfache Gleichung, die es auch in der anderen Version gibt: Mann will nicht mehr (mit der eigenen Frau) und schaut sich nach jüngeren Frauen um, und Frau kann nicht. Was bei diesen Männern ja vielleicht auch verständlich ist.

Dabei gehört der Sex zu unserem Leben und dem der Tiere, was uns hier und da interessante Einblicke eröffnet. So paart sich der Löwe in der dafür vorgesehenen Zeit (das gibt es bei uns nicht, so eine reine »Paarungszeit«) ungefähr 500-mal, eine Schimpansin kommt auf 135-mal. Dann ist aber erst einmal Schluss. Soll ja schließlich was dabei herumkommen. Nachwuchs!

Neidisch könnten wir auch auf Nashörner schauen, die ungeniert mehrmals täglich stundenlange Paarungsakte mit einem über 100 Zentimeter langen Penis vollführen und damit den Wunsch vieler Menschen wecken, sich davon eine Scheibe abschneiden zu dürfen.

Dafür gibt es im Tierreich allerdings auch bestimmte Sexualpraktiken, die uns Menschen fremd sind, so hoffe ich zumindest. Weinbergschnecken zum Beispiel schießen ihren Partnern zur sexuellen Stimulation einen sogenannten Liebespfeil in den Körper. Um Nebenbuhlern den Fortpflanzungserfolg zu verbauen, legen männliche Maulwürfe ihren Weibchen biologische Keuschheitsgürtel an, indem sie nach dem Akt die Geschlechtsöffnungen der Weibchen mit einem Pfropfen verschließen.

Wir Menschen machen es anders, und der größte Unterschied ist vielleicht, dass es bei uns eigentlich auch Spaß machen soll.

Im Durchschnitt paart sich der Mensch 1,5-mal die Woche, also sechsmal im Monat, 72-mal im Jahr. Da würde der Löwe aber drüber lachen. Wahrscheinlich würde er einen so untertourig liebenden Artgenossen gleich mal zum Tierarzt schicken. Wobei wir Deutschen da noch über dem Schnitt liegen. Laut einer Studie eines Kondomherstellers machen es die Deutschen 97-mal im Jahr, liegen aber weit hinter den ansonsten so prüden Amerikanern zurück, hier wird ein Spitzenwert erzielt, 128-mal, Weltrekord sozusagen. Aber auch über die Amerikaner würde der Löwe nur müde gähnen und dabei die anderen Löwen im Rudel gut im Auge behalten. Denn die dürfen im Tierreich nicht zur Löwin, wenn der Chef nicht will. Kann schließlich nur einer das Rudel führen, da gibt es klare Regeln.

Wir Menschen hingegen leben nicht im Rudel und können denken. Und was denken wir so? Zum Beispiel, dass alle anderen es häufiger tun als wir. Neid! Und damit setzen wir uns mächtig unter Druck. Will man jedoch nur der Statistik nacheifern und wenigstens zweimal im Monat in Sachen Sex dazugehören, macht man vermutlich schon alles falsch. Denn Psychologen und Forscher betonen, dass die Qualität eigentlich wichtiger sei als das Abhaken der Pflicht.

Die Verfügbarkeit von Lustobjekten scheint der Schlüssel zum Schloss. Denn wo kein Partner ist, da ist auch keine Gelegenheit. So haben Singles viel weniger Sex als Eheleute, die aber deutlich weniger als nicht verheiratete Paare. Das ist aber nicht schlimm und macht auch nicht krank, wie Forscher in den USA herausfanden. Denn Abstinenz mag für einige jenseits aller Vorstellungskraft sein, ist aber für das allgemeine Befinden eher folgenlos. Die Fähigkeit, einkaufen zu gehen oder sein Auto zu betanken, beeinflusst das jedenfalls nicht. Man wird auch nicht häufiger krank, hat öfter schlechte Laune oder leidet vermehrt an psychischen Störungen. Sonst müssten Priester und Nonnen ja zu den meist schlecht gelauntesten Menschen überhaupt gehören.

Noch etwas fanden die Forscher heraus. Je länger man keinen Sex hat, desto geringer das Bedürfnis danach, allerdings geht das Lustsystem nur auf Standby. Was ja auch Sinn macht, falls es dann doch mal sein muss. Dann hat man wenigstens nicht vergessen, wie es geht. Und wenn man doch mal will und ein Partner ist gerade nicht zur Hand, kann man ja diese zu Hilfe nehmen. Denn wie sagte schon der Schauspieler, Regisseur und Sexperte Woody Allen: »Masturbation ist schließlich Sex mit jemandem, den man, wirklich liebt!«

Ist also eigentlich alles so weit in Ordnung, oder? Scheint es aber dann nicht mehr zu sein, sobald man anfängt zu denken, andere hätten mehr und öfter Sex als man selbst. Gerade auf Partys und in geselligen Runden wird gerne mal geprahlt und so mancher Witz gerissen, der die Gürtellinie deutlich unterschreitet. Das verbuchen dann Experten unter der Rubrik »Hunde, die bellen, beißen nicht«. Soll heißen: Wer am lautesten drüber redet, hat oft die meisten Probleme. Nicht immer, aber immer öfter.

Denn eigentlich redet man über das Thema Sexualität im reiferen Alter sowieso nicht, es ist eben ein Tabuthema.

Und auch das hängt mit den gängigen Vorstellungen zusammen. Dem höheren Alter werden auch heute noch viele Dinge zugeschrieben, aber eben nicht der Hang zum Kamasutra. Kulturbeflissenheit, viel reisen, der gute Wein zum guten Essen, Geselligkeit und Weisheit sind die Dinge, die die reifere Jugend zieren, nicht der Hang zur körperlichen Lust. Kaffeekränzchen statt Körpersäfte, um es mal deutlich auszudrücken.

Vor allem Jüngere meinen, Sex gehöre sich im Alter nicht mehr. Ein Punkt, den man sicher aus seiner eigenen Biographie kennt. Welcher Teenager konnte sich damals wirklich vorstellen, dass die eigenen Eltern den eingesprungenen Doppelachsel praktizieren. Ein Gedanke, der zumindest komisch war. Nur das Wissen darum, dass die eigene Existenz ja auch mit den Eltern begann, schien zu bestätigen, dass es tatsächlich mal passiert sein musste.

Auch wenn sich vieles im Laufe der Jahre geändert hat, die öffentliche Bilderwelt setzt immer noch Jugendlichkeit mit Schönheit gleich und Alter mit Verfall. Josef Christian Eigner, Professor für Psychosoziale Arbeit an der Uni Innsbruck, sieht darin den Grund, dass Sexualität immer noch ein Privileg der Jugend ist. Der Jugendlichkeitskult belaste die Sexualität im Alter:

»Als einziges Schönheitsideal das Bild des straffen, schönen Körpers gelten zu lassen, ist eine Herabwürdigung, eine Dauerentwertung des Alters. Es entsteht der ungeheure Stress, jung bleiben zu müssen. Das trifft vor allem auch die Männer, die denken, sie müssten im Falle der Lustlosigkeit medikamentös nachhelfen, wenn der Körper nicht mehr funktioniert wie mit zwanzig.«

Doch viele Psychologen bestätigen, dass Viagra und Potenzpillen eher eine Art Defizitbestätigung sind. Besser wäre es Männern zu bestätigen, dass es normal ist, wenn die Erektion nicht mehr so voll und prall ist. Dann gibt es auch keinen Erwartungsdruck und keine Versagensängste mehr. Genauso wenig wie im Alter sexuell aktive Männer als »lüsterne Greise« darzustellen, ist es nicht sinnvoll, Potenzmittel und Hormone unkritisch einzunehmen.

Hormone als Unterstützung für den schwächelnden Johannes scheinen nämlich eher sinnlos zu sein. Laut einer Studie der University of Manchester ist nicht der Testosteronmangel schuld an nachlassender Leistungsfähigkeit und schrumpfender Potenz. Nur bei 0,1 Prozent der Männer zwischen vierzig und fünfzig Jahren seien laut Untersuchung Testosteronmangel und Erektionsstörungen gleichzeitig aufgetreten.

Hormonexperte Martin Reinke, Chefarzt der Ludwig-Maximilian-Universität, hält es deshalb für gefährlich, Männer in dem Glauben zu lassen, Hormone könnten ihre Manneskraft zurückbringen. Der Einsatz von Hormonen berge im Gegenteil hohe unkalkulierbare Risiken. Ein Mythos also, der den Männern das Geld aus der Tasche lockt, die Angst um ihre Einsatzfähigkeit haben.

Dreißig Millionen Menschen weltweit vertrauen auf die gefäßerweiternde Wirkung von Viagra, obwohl durch die verbesserte Standfestigkeit längst nicht alle sexuellen Probleme gelöst werden. Häufig wird nur das Ego gestreichelt, der Leistungsdruck bleibt bestehen, und die wahren Gründe für die Probleme werden überdeckt.

Und das, obwohl Viagra ein wahres Wundermittel zu sein scheint. Glaubt man den Forschungsergebnissen, ist Viagra gut gegen Jetlag, verbessert das Gedächtnis, hilft gegen Schmerzen und bei Diabetes, hilft schwanger zu werden und hält Blumen länger frisch, und auch Erdbeeren und Broccoli scheinen länger knackig zu bleiben. Na denn, ab jetzt nach dem Geschlechtsverkehr immer eine halbe Pille ins Blumenwasser.

Die ganze Wahrheit – Warum Sex im Alter Zukunft hat

»Alter ist die Zeit, in der ein hübsches Mädchen Erinnerungen weckt anstatt Hoffnungen«, sagte einst Robert Lembke. Doch auch wenn Ihnen Aussagen wie diese anderes suggerieren wollen, freuen sie sich aufs Älterwerden, denn die meisten Menschen sind im Alter sexuell aktiv, wenn sie nicht krank sind oder ihren Partner verloren haben. Untersuchungen der Uni Chicago an 3005 Senioren ergaben: Zwei Drittel der Amerikaner zwischen 57 und 64 haben Geschlechtsverkehr, 53 Prozent der 65- bis 75-Jährigen und ein Drittel der 75- bis 85-Jährigen. Zusammengefasst heißt das: 81 Prozent aller Männer und 51 Prozent aller Frauen im Alter zwischen 57 und 85 haben regelmäßig Sex. Hätten Sie das gedacht?

Das Alter scheint ein Paradies zu sein. Vorausgesetzt, Sexualität war auch in jungen Jahren schon etwas, was Sie gerne hatten. Ansonsten wird es auch im Alter kein großes »Erwachen« mehr geben.

Offensichtlich gibt es aber in Bezug auf die Sexualität im Alter geschlechtsspezifische Unterschiede. Jede zweite Frau über sechzig hat erotische Träume. Das besagt eine Studie der Uniklinik Aachen. 75 Prozent der Damen gaben an, sich selber gerne zärtlich zu streicheln. 34 Prozent der über 75-Jährigen Männer haben Geschlechtsverkehr, aber nur neun Prozent der gleichaltrigen Frauen. Es gibt bei Männern eine stärkere Fixierung auf genitalen Sex. Und da Männer eher sterben als Frauen, fehlt vielen Frauen schlicht und einfach in einer bestimmten Lebensphase der Sexualpartner. Dazu kommt, dass es ältere Männer gerne schon mal zu jüngeren Partnerinnen zieht. Das verschärft die Mangelsituation für ältere Frauen noch: Dreiviertel aller über 75-jährigen Männer sind verheiratet, aber nur 38 Prozent der gleichaltrigen Frauen. Bei Männern reicht es als Stimulanz oft schon aus, an Sex zu denken, für Frauen ist eine gute Beziehung zu ihrem Partner wichtig, um eine erfüllte Sexualität zu haben.

Überraschend ist, dass es immer mehr jüngere Männer zu reiferen Frauen zieht. »Die wissen, was sie wollen, haben Ausstrahlung und Stil und verkörpern Sinnlichkeit.« Kurzum: Sie genießen Erotik intensiver.

35 Prozent der Männer und 28 Prozent der Frauen über 75 befriedigen sich selbst, und mit siebzig ist bei 89 Prozent der Männer und bei 65 Prozent der Frauen der Wunsch nach Geschlechtsverkehr vorhanden. Ein Bedürfnis, das auch im Altern nicht nachlässt!

Das beste Stück –
Was hindert uns wirklich daran, im Alter Sex zu haben

Finnische Wissenschaftler beschäftigten sich mit dem Sexualverhalten älterer Menschen und kamen zu einer überraschenden Erkenntnis: Viel Sex hilft gegen Erektionsprobleme! Männer im Alter zwischen 55 und 75 Jahren, die

45

weniger als einmal in der Woche Sex haben, haben nach Auswertungen der Studie ein erhöhtes Risiko für Erektionsstörungen. Bei denen, die mehr als einmal in der Woche Sex haben, sinkt das Risiko schon um die Hälfte. Deshalb raten Urologen ihren Patienten als vorbeugende Maßnahme zu mehr? Richtig: Geschlechtsverkehr.

Der große Bremser für Sex im Alter ist sowieso nicht die nachlassende körperliche Leistungsfähigkeit, die man ja anscheinend nach dem Motto »wer rastet, der rostet« trainieren kann, sondern eher gesundheitliche Probleme. Was aber passiert an körperlichen Veränderungen im Alter, das auch Auswirkungen auf die Sexualität haben kann?

Bei der Frau stellt sich mit dem Beginn der Wechseljahre der Körper langsam um. Er produziert weniger Östrogen, das weibliche Geschlechtshormon. Das wirkt sich auf die Organe aus. Die Schleimhäute der Scheide sind dann weniger stark durchblutet, werden empfindlicher und sind nicht mehr so dehnbar. Die Feuchtigkeitsproduktion lässt nach, die Scheide wird »trockener«. Das führt eventuell zu Schmerzen beim Geschlechtsverkehr. Aber auch nur, wenn der richtige Grad der Erregung fehlt. Weil die Scheidenwand dünner wird, kann sie Blase und Harnröhre nicht mehr so gut vor Bewegungen des Penis schützen. Das kann zu einer Reizblase führen. Allerdings sind nicht immer erotische Begegnungen der Auslöser hierfür. Denn generell gilt: Schmerzen beim Sex können körperliche Ursachen haben, vielfach aber spielen eher seelische Komponenten eine Rolle.

Für den Mann zunächst die gute Nachricht für Machos: Der Mann bleibt länger fruchtbar als das weibliche Geschlecht. Allerdings nimmt mit hohem Alter die Wahrschcinlichkeit, ein Kind zu zeugen, rapide ab. Ausnahmen bestätigen die Regel und sind Zeuge der nicht enden wollenden Leidenschaft. Oder es war einfach Zufall!

Ansonsten nimmt auch beim Mann der Hormonspiegel ab. Das hat aber keine weitreichenderen Folgen, als dass das Haar dünner wird. Auf die Manneskraft hat es keine Auswirkungen.

Beim Mann spielt ein anderer körperlicher Effekt eine größere Rolle: Der Penis wird im Alter nicht mehr so schnell steif und auch nicht mehr so groß. Es dauert länger, bis er sich aufrichtet, und auch länger, bis der Orgasmus eintritt. Auch ist es nicht mehr ganz so realistisch, fünfmal am Tag zum Orgasmus zu kommen, aber das war ja auch vielleicht früher schon eher eine Sache der Phantasie – es sei denn, der Tag hatte mehr als 48 Stunden.

Dafür gibt es im Alter einen anderen Vorteil: Der vorzeitige Samenerguss tritt ab dem vierzigsten Lebensjahr wesentlich seltener auf. Das Liebespiel dauert somit länger und wird so auch oft als befriedigender empfunden.

Für beide Geschlechter gilt: Gelegentliche Pannen sind für Männer wie Frauen ganz normal. Das sollte auch im Alter die Lust nicht dämpfen. Einen weitaus negativeren Einfluss auf die Sexualität im Alter als die oben beschriebenen körpereigenen Prozesse, die zum natürlichen Alterungsprozess gehören, haben Krankheiten. Bluthochdruck, Diabetes, Prostataoperationen, und die im Zusammenhang mit diesen Erkrankungen verordneten Medikamente, wie zum Beispiel Betablocker. Generell sind auch verkalkte Arterien für die Sexualität nicht förderlich. Krebsbehandlungen und Operationen beeinflussen das Sexualleben negativ, ebenso wie chronische Schmerzen. Diese körperlichen Ursachen, die zum Verzicht auf Sexualität führen können, sind von der Medizin vor allem im Hinblick auf die Männer gut erforscht, da die genitale Sexualität für Männer eine größere Rolle spielt und sie auf diesem Gebiet einem größeren Leistungs- und Erfolgsdruck ausgesetzt sind.

Oft jedoch ist eigentlich das psychische Empfinden ausschlaggebend für den Rückzug aus dem Sexualleben. Und das ist nicht anders als bei jüngeren Menschen auch. So raten Sexualtherapeuten besonders älter werdenden Männern, ihr Selbstbewusstsein nicht am Verhalten des »Schwanzes« zu messen. Sexualität sei schließlich weit mehr als die Vereinigung der Geschlechtsorgane. Wie wäre es also, andere Formen der Sexualität zu erproben?

Im Alter wird Sexualität schließlich nicht nur von genitalem Sex geprägt, sondern von Emotionalität, Vertrauen, Zärtlichkeit und Verständnis. Und: Diese Dinge sollten eigentlich nicht nur für ältere Menschen zählen!

Qualität statt Quantität –
Das Alter ist die schönste Zeit für Sex

Sexuelle Aktivität ist ein wichtiger Faktor für das persönliche Wohlbefinden, denn der Mensch bleibt ein Leben lang ein sexuelles Wesen. Für Frauen vielleicht sogar in besonderem Maße, da sie ihre Orgasmusfähigkeit ein Leben lang behalten.

Anders als der Teenager müssen Sie sich keine Gedanken mehr über Verhütung machen. Die Phasen beruflicher Anspannung und der Erziehung, die Stress erzeugt und das Liebesleben beeinflusst haben, sind abgeschlossen. Und dennoch bleibt Ihre sexuelle Biographie ein entscheidender Faktor, wenn es um die Frage geht, wie sich Ihre Sexualität im Alter entwickelt. Denn egal ob Mann oder Frau, wer in der Jugend nicht sonderlich sexuell aktiv war, wird es auch im Alter nicht sein. Wer in der Jugend viele Bedürfnisse ausleben wollte, möchte dies auch noch im Alter tun.

Die Grundlage dafür, dass Sie die schönsten Stellungen auch ausprobieren können, ist eindeutig nicht das Alter, sondern Ihr Gesundheitszustand. Denn dieser beeinflusst die Sexualität mehr als alles andere. Ihre Blutdruckwerte kontrollieren zu lassen ist also auch die richtige Vorsorgemaßnahme für guten Sex.

Und wenn es mal nicht klappt, denken Sie daran: Versagensängste gibt es auch bei jungen Menschen, und das weitaus häufiger als sie denken. Denn unsere Gesellschaft, die uns Sexualität immer und überall vor Augen führt, sei es in der Werbung, in Modezeitschriften oder in pornografischen Darstellungen in Zeitschriften, Film und Fernsehen, ist zwar auch die Grundlage für einen freien, aufgeklärten Umgang mit Sexualität, sie sorgt aber auch für viel Leistungsdruck, den überall präsenten Bildern gerecht zu werden.

Das Nachlassen bestimmter biologischer Funktionen unterhalb der Gürtellinie ist aber kein Mangel, sondern lediglich eine Veränderung. Das Bedürfnis nach genitalem Sex geht zurück, dafür entsteht ein größeres Verlangen nach Zeit für Zärtlichkeit und Genuss. Das Drumherum wird wichtiger. Das schafft Entlastung und nimmt den Druck.

Sexualität kann so neu definiert werden, die Hingabefähigkeit wird größer. Ab sofort gilt zärtlich statt wild.

Die Freude am gemeinsam erlebten Sex beruht dann nicht auf dem Ableisten einer sportlichen Leistung, sondern auf Vertrauen, Respekt und der Liebe zueinander. Sexualität kann sich innerhalb einer Partnerschaft verändern. Nur wer diese Veränderung akzeptiert und sie lebt, schafft die Voraussetzungen dafür, dass Sex mit dem Partner auch im Alter noch ein fester Bestandteil des Lebens bleibt. Gelingt einem dies nicht, erlebt man Sexualität im Alter eher als defizitär.

Man sollte sein Selbstwertgefühl also nicht gerade daran knüpfen, ob das beste Stück im Alter immer noch genauso aufrecht steht wie mit zwanzig, sonst sind Enttäuschungen vorprogrammiert. Veränderungen anzunehmen ist für beide Seiten das Mittel der Wahl.

Das überzeugt, liebe Männer, auch die Frauen. Denn denen geht es nämlich genauso. Und auch wenn Ihre Partnerin jünger ist: Wahrscheinlich hat sie Sie nicht deshalb erwählt, weil Sie es besser können als die jungen Hüpfer. Vielleicht haben dabei ja Ihre Reife und Erfahrung eine weitaus größere Rolle gespielt, als Sie glauben. Denn diese Eigenschaften garantieren schönen Sex, auch wenn er nicht mehr jeden Tag stattfindet.

Sex beginnt im Kopf. Wenn wir uns von den herkömmlichen Einstellungen über Sex im Alter lenken lassen, stellen sich schnell negative Gefühle ein. Wenn Sie sich von der Aussage »das tut man doch nicht mehr« leiten lassen, geben Sie sich selbst keine Chance, und diese negative Prophezeiung wird schon bald Wirklichkeit. Denken Sie also lieber positiv!

Kapitel 3

Paro, die Kuschelrobbe –
Wie man mit den Muskeln das Gehirn trainiert

Ist Ihnen vielleicht auch schon einmal aufgefallen, wie viele Hundebesitzer ihren »Liebling« behandeln, als wäre er ein gleichberechtigter Gesprächspartner? Ich sehe sie nahezu täglich und überall. Ob im Wald, beim Laufen oder auf dem Weg zum Bäcker. Manche reden sogar mit ihrem Vierbeiner oder kleiden ihn liebevoll ein. Sollte ich das belächeln, oder werde ich die Gesellschaft eines Vierbeiners – gerade wenn ich vielleicht einmal nicht mehr täglich auf die Anwesenheit von Familie, Angehörigen oder Freunden zählen kann – auch irgendwann zu schätzen wissen?

Ich stellte Nachforschungen an und stellte bald fest, dass Hunde viel mehr sein können als ein putziger Begleiter. Sie halten uns nicht nur fit, indem sie uns im wahrsten Sinne »vor die Türe zwingen«, sondern sie bereichern auch unseren Geist und unsere Seele und haben einen immensen therapeutischen Nutzen, was sich in der Medizin seit vielen Jahren in Form von verschiedenen tiergestützten Therapieverfahren niederschlägt.

Wir können ihnen Liebe und Aufmerksamkeit schenken, und sie spenden uns Trost und fördern unsere Kommunikationsfähigkeit. Auch wenn sie sich im nonverbalen Bereich abspielt, so verlangt doch gerade diese Kommunikation unsere volle Konzentration, Zuneigung und geistige Frische. Da ein Lebewesen jedoch auch sehr viel aktive Arbeit und eine gewisse Selbstständigkeit voraussetzt, hat man in China bereits die Zeichen der Zeit erkannt und auf einen »gleichwertigen Ersatz« gesetzt. Seit 2010 kann man dort für umgerechnet 5000 Euro eine batteriebetriebene Kuschelrobbe namens »Paro« erwerben, die besonders Demenzkranken das Leben versüßen soll.

Paro ist durch entsprechende Sensoren unter dem Fell in der Lage, sich Namen zu merken und sein Hinterteil zu bewegen, wenn man ihn anspricht. Und nicht nur in China erobert Paro die Herzen vieler älterer Menschen, auch auf der REHAcare, der größten Messe für Rehabilitation und Pflege in Düsseldorf, begeisterte Paro die Fachwelt. Denn, so die Experten, nichts sei schlimmer als die Tatsache, dass sich der Großteil einer immer älter werdenden Gesellschaft, in der jede zweite Frau ihren 85. Geburtstag und jeder zweite Mann seinen achtzigsten Geburtstag erleben darf, immer mehr zurückziehe und vereinsame.

Auch wenn ein Kuscheltier einen Menschen niemals ersetzen kann, scheint es offensichtlich immer noch eine bessere Lösung zu sein, als gar keine Form der »Zuwendung« zu erhalten.

Doch wahrscheinlich wird es Ihnen nicht anders gehen als mir, wenn Sie das lesen. Sicherlich werden auch Sie denken, dass Sie eigentlich erst gar nicht in die Lage kommen möchten, auf solche »Gefährten« angewiesen zu sein, und dass Sie schon gar nicht das mehr als lukrative Geschäft des Gesundheitsmarktes unterstützen möchten, in dem alleine in Deutschland von 2004 bis 2010 die jährlichen Ausgaben für Hilfsgeräte von 5,2 auf über sechs Milliarden Euro angestiegen sind. Und das müssen Sie auch nicht!

Denn wussten Sie schon, dass Sie durch ein systematisches, regelmäßiges körperliches Training einen körperlichen Funktionsverlust, der durch jahrelanges Nichtstun eingetreten ist, wieder ausgleichen können? Und dass auch Ihr Gehirn davon unendlich profitiert?

Bei verminderter körperlicher Aktivität kommt es zu schleichenden Abbauprozessen in unserem Gehirn. Davon können alle Teile der Nervenzellen betroffen sein, die B-Neuronen (Nervenzellenkörper), die Dendriten (Fortsätze auf der Nervenzelle zur Informationsaufnahme) und die Spines (Fortsätze auf den Dendriten mit den informationsübertragenden Synapsen an ihren Enden).

Außerdem kommt es zu einem Verlust der Alpha-Motoneuronen in unserem Rückenmark, die motorischen Steuerungsprozessen dienen. Das hat unmittelbare Auswirkungen auf unser Gehirn als zentralem Schaltwerk, in dem alle Funktionen und Befehle in unserem Körper zusammenlaufen und verarbeitet werden. Auch andere Gehirnstrukturen, die der Steuerung motorischer Prozesse dienen, werden bei mangelnder Bewegung abgebaut, sodass wir damit immer mehr an Koordinationsfähigkeit, Schnelligkeit, Flexibilität und auch allgemeiner Kraft einbüßen.

Selbst ohne Erkrankungen an unserem Stütz- und Bewegungssystem oder anderen gravierenden organischen Veränderungen kann es daher bei verminderter Aktivität zu Problemen an unserem Haltungssystem, einem Verlust der Gelenkbeweglichkeit und -stabilität sowie zu verminderter Aktions- und Reaktionsschnelligkeit kommen.

Doch die gute Nachricht folgt auf den Fuß. Selbst wenn Sie bereits Bewegungseinschränkungen, Konzentrations- und Erinnerungsschwächen an sich wahrnehmen sollten, sind Sie diesem Prozess des Abbaus nicht hilflos ausgeliefert.

Bis vor wenigen Jahren dachte man noch, dass unser zentrales Nervensystem (ZNS) ein statisches Organ sei, dessen Neuronenzahl bei der Geburt weitgehend festgelegt ist, was zwangsläufig bedeuten würde, dass ein Verlust an Zellen zu einem unumkehrbaren Leistungsabfall führen muss.

Doch inzwischen wird immer deutlicher, dass das ZNS zu unseren anpassungsfähigsten Organen gehört und auch im Alter noch über eine unvorstellbar große Plastizität verfügt. Bieten wir unserem Gehirn also ausreichend neue, intensive und komplexe motorische Aufgaben, also Reize, an, kommt es lebenslang zu einem permanenten Ab- und Aufbau von Synapsen und Spines sowie zu Neubildungen von Neuronen, das haben Tierexperimente gezeigt.

Das Gehirn ist das wohl am wenigsten erforschte und gleichzeitig das faszinierendste Gebilde unseres Körpers. Wir kommen bereits mit 160 Milliarden Nervenzellen auf die Welt, deren synaptische Verbindungen sich im Laufe des Lebens immer mehr erweitern. Eine Komplexität, die unser Vorstellungsvermögen weit übertrifft.

Das Gehirn ist die Steuerzentrale für den gesamten Körper und Ausgangspunkt für alle Gedanken, Emotionen, willkürlichen Bewegungen und der Sitz unseres Gedächtnisses. Und dabei wiegt es im Durchschnitt nicht mehr als 1,2 Kilogramm! Dafür benötigt es aber auch riesige Mengen an Energie und verschlingt etwa zwanzig Prozent unseres täglichen Gesamtenergieumsatzes. 150 Gramm Kohlenhydrate benötigt das Gehirn täglich. Bei mir zum Beispiel meistens in Form von Schokolade.

In unserer Zeit, in der der Anteil älterer Menschen an der Gesellschaft immer größer wird, gewinnt die Frage, wie wir Veränderungen unseres Gehirns beeinflussen können, immer mehr an Bedeutung. Denn nur ein vollständig intaktes Gehirn kann Leistungsfähigkeit und Lebensqualität bis ins hohe Alter garantieren.

Allein in Deutschland sind 700 000 Menschen von Alzheimer betroffen, eine Zahl, die die hohe Dunkelziffer von nicht diagnostizierten Fällen nicht berücksichtigt. Alzheimer ist eine der häufigsten Formen von Demenzerkrankungen, die vor allem durch eine Störung in der Freisetzung und Aufnahme des Botenstoffes Glutamat gekennzeichnet ist, was zu einer Behinderung der Signalübertragung an den Synapsen und schließlich zu einer Zerstörung der Nervenzelle führt. Weltweit gibt es bereits um die 27 Millionen Alzheimerpatienten, und diese Zahl wird nach Ansicht von Forschern bis zum Jahre 2050 auf bis zu 106 Millionen ansteigen. Wenn es allerdings möglich wäre, den Ausbruch der Krankheit um zwölf Monate hinauszuzögern, gäbe es bereits 9,2 Millionen weniger Alzheimerkranke in der gesamten Weltbevölkerung. Und das ist – wie Studien zeigen – gar nicht so unwahrscheinlich.

Das Gehirn denkt mit – Warum die Leistungen unseres Gehirns im Alter nicht abnehmen müssen

Fakt ist, dass – unabhängig davon, ob wir unser Gehirn »auf Trab halten« und es vor immer neue Aufgaben stellen – ab dem 45. Lebensjahr eine strukturelle Gehirnveränderung beobachtet werden kann. Messbar ist dabei der Wassergehaltsverlust, der mit einer erheblichen Gewichtsabnahme des Gehirns einhergeht. Daraus resultiert aber nicht zwangsläufig irgendwann eine Einschränkung unserer kognitiven Fähigkeiten.

Dies tritt erst dann ein, wenn es darüber hinaus zu einem Verlust an Hirnmasse (kortikale Atrophie) kommt, wobei Dendriten und Spines abgebaut werden. Darüber hinaus verkleinert sich die Anzahl der synaptischen Verbindungen, und es treten erste Ablagerungen und Elastizitätsverluste unserer Hirngefäße auf. Auch auf neurochemischer Basis beginnen erste Veränderungen, es werden immer weniger sogenannte Neurotransmitter (wie zum Beispiel Glutamat) ausgeschüttet, wodurch sich die gesamte Informationsvermittlung verlangsamt.

All diese Faktoren kommen als Ursache für eine verminderte Merk- und Lernfähigkeit in Betracht, obwohl man immer noch wenig über deren genaue Ursachen weiß.

Diese sogenannte »natürliche Degeneration« des Gehirns und des Nervensystems ist jedoch nicht von Krankheiten verursacht und ist auch selbst keine Erkrankung. Aktuelle Studien zeigen sogar, dass die meisten Nervenzellen im Gehirn bis zum Tod völlig gesund bleiben.

Das Gehirn kann die Auswirkungen dieses Prozesses sehr gut kompensieren. Ab fünfzig etwa erhöht sich das Myelin in den Frontal- und Temporallappen des Gehirns, das für eine schnelle und reibungslose Nervenleitung verantwortlich ist. Dies bewirkt, dass vorhandenes Wissen ab einem Alter von fünfzig sehr viel besser verarbeitet und genutzt werden kann.

Vielmehr geht man heute davon aus, dass eine Unterforderung des Gehirns die wichtigste Ursache für eine Abnahme unserer kognitiven Fähigkeiten darstellt. Wissenschaftliche Untersuchungen, die mithilfe modernster Methoden wie etwa der PET – Positronen-Emissions-Tomographie oder der MRT – der Magnet-Resonanz-Tomographie und biochemischer Messverfahren durchgeführt werden, zeigen, dass jede Gehirnaktivität regional eine verstärkte Durchblutung und eine Veränderung im lokalen Stoffwechsel hervorruft. Am deutlichsten tritt diese vermehrte Durchblutung bei gleichzeitiger körperlicher Betätigung auf. Sport fördert also auch die geistige Leistungsfähigkeit, da das Gehirn durch Bewegung besser mit Sauerstoff versorgt wird.

Die deutschen Arbeitsgruppen um Wildor Hollmann fanden bereits 1998 heraus, dass, im Gegensatz zu statischen, alle dynamischen muskulären Beanspruchungen – vor allem Ausdaueraktivitäten wie Radfahren, Schwimmen, Spazierengehen, Laufen, Aerobic u.a. – eine bessere Durchblutung des Gehirns bewirken. Zu den aus der vermehrten Durchblutung resultierenden stoffwechselbedingten Veränderungen zählt vor allem die gesteigerte Produktion des Nervenwachstumsfaktors, einem bestimmten Protein, welches den altersbedingten Verlust an Synapsen, Dendriten und Neuriten minimiert. Auch die Neubildung von Spines, dem winzigen Ort, dem man das menschliche Kurzzeitgedächtnis zuschreiben kann, wird durch körperliche Aktivität im hohen Maße positiv beeinflusst. Bei steigender Intensität der körperlichen Belastung wird darüber hinaus auch die Neurogenese (die Neubildung von Neuronen) im Hippocampus, dem Ort des Faktenlernens, gesteigert.

Folgt man Hollmann, ist körperliche Aktivität genauso wichtig wie geistige Aktivität, was auch experimentell belegt werden konnte. Im Umkehrschluss führt wenig körperliche Aktivität zu einer Verminderung der regionalen Durchblutung, unter anderem im präfrontalen Kortex (dem Frontallappen) und begünstigt so altersbedingte kognitive Leistungseinbußen.

Nur eine gezielte Kombination aus körperlicher und geistiger Aktivität hilft also dabei, die geistige Leistungsfähigkeit bis ins hohe Alter aufrechtzuerhalten. Dabei scheinen bereits 25 Watt, was dem Tempo beim normalen Spaziergehen entspricht, auszureichen, um in sechs von acht untersuchten Hirnarealen eine deutlich verbesserte regionale Durchblutung zu erzielen. Je höher die Belastungsintensität, desto besser konnte man diese Durchblutungsrate in jedem der untersuchten Hirnareale darstellen.

Wenn wir unserem Gehirn diese Mehrdurchblutung in regelmäßigen Abständen gönnen, vor allem durch ausdauernde Belastungen, scheint es sich auch langfristig mit einer verbesserten Kapillarisierung, dem Ausbau der feinen Verästelungen des Blutkreislaufes und einem Anstieg des Gehirnstoffwechsels zu bedanken und produziert infolgedessen fleißig Neurotransmitter – also biochemische Botenstoffe, die über die Kontaktstelle der Nervenzellen, die Synapsen, Informationen von einer Nervenzelle zur anderen weitergeben.

Auch ein weiteres Neuropeptid, der BDNF (Brain-derived neurotrophic factor) rückt immer mehr ins Interesse der Forschungen. Dieser Nervenwachstumsfaktor scheint für die Erhöhung und Erhaltung der Gehirnplastizität unerlässlich zu sein. Plastizität des Gehirns bedeutet, vereinfachend ausgedrückt, die Fähigkeit des Gehirns, sich dynamisch zu verändern und anzupassen – je nach Leistungsanforderung. Die Areale, die beispielsweise ein Konzertpianist besonders intensiv nutzt, unterscheiden sich von denen, die ein Profifußballer intensiv nutzt, demnach haben sich bei den beiden unterschiedliche Regionen besonders entwickelt.

Ohne diese Plastizität ist eine Weiterentwicklung des Gehirns und dessen uneingeschränkte Lernfähigkeit nicht denkbar, denn nur sie garantiert, dass neue synaptische Verbindungen von bereits bestehenden Neuronen eingegangen werden, sodass die Größe des neuronalen Netzwerkes positiv beeinflusst wird.

Bis in die 1990er Jahre galt es noch als unmöglich, dass Nervenzellen bei Erwachsenen neu entstehen. Heute sehen wir das anders.

Wenn wir denken oder körperlich aktiv sind, werden im Gehirn Nervenzellen aktiviert, die mithilfe von biochemischen Botenstoffen miteinander kommunizieren.

Die Nervenzellen schütten Neurotransmitter aus und lösen so eine Reizweiterleitung (Informationsverarbeitung) aus. Die vom Menschen im Laufe seines Lebens gemachten Erfahrungen führen dazu, dass Neuronen in speziellen Bereichen des Gehirns aktiviert werden. Werden also über einen längeren Zeitraum, zum Beispiel in Arbeitsprozessen, immer wieder ähnliche Erfahrungen gemacht, weil die Aufgaben sich gleichen, werden diese neurologischen Erregungsmuster neu aufgebaut. Wir haben etwas dazugelernt. Und dieser Prozess – das weist die aktuelle neurobiologische Forschung nach – ist in jedem Alter möglich und notwendig. Denn werden die so entstandenen neurologischen Erregungsmuster längere Zeit nicht mehr aktiviert, können sich die Verbindungen zwischen den Nervenzellen auch wieder auflösen und schließlich verschwinden. Dann haben wir etwas verlernt. Was ja schade ist.

Unser Gehirn bleibt eben nur flexibel und fit, wenn es auch gebraucht wird, da unterscheidet es sich nicht von unserem Körper. Und Sie wollen doch schließlich auch nicht, dass Ihre Kinder eines Tages sagen, Sie seien stur und unflexibel?

Erst 1998 konnte ein Forscherteam aus Schweden vom Sahlgrenska University Hospital in Göteborg aufzeigen, dass sich Nervenzellen tatsächlich auch noch im Alter neu ausbilden können und dass dabei vor allem die körperliche Bewegung einen ganz entscheidenden, wenn nicht sogar den wesentlichen Reiz darstellt. Und das ist gerade für uns älter Werdende von ungemeiner Wichtigkeit.

Um dies nachzuweisen, wurde eine Reihe von Experimenten an älteren aktiven und inaktiven Personen durchgeführt. Beim Lernen und Abfragen von Wortpaaren beispielsweise wurden bei den inaktiven Senioren sehr viel größere Gehirnabschnitte aktiviert als bei aktiven Personen desselben Alters. Die sportlich Aktiven müssen also für die gleiche Leistung nur einen sehr viel kleineren Teil des Gehirns nutzen, wiesen aber eine mit jungen Menschen vergleichbare Gehirnaktivität auf. Bewegung scheint das Gehirn also ökonomischer arbeiten zu lassen, es benötigt bei gleicher Leistung weniger große Gehirnareale.

Sehr interessant ist dabei jedoch der Aspekt, dass wir den oben beschriebenen Effekt des BDNFs nur ausnutzen können, wenn der Sport freiwillig betrieben wird, da die neugebildeten Nervenzellen sehr empfindlich auf Stresshormone reagieren. Außerdem wirkt der BDNF besonders stark bei intensiveren, kürzeren Belastungen (etwa zwei dreiminütigen Sprints). Daher können und sollten Sie getrost (natürlich nach vorheriger ärztlicher Absprache) ab und zu auch schnellere Intervalle in Ihren Alltag einbauen – kommen Sie ruhig mal richtig außer Atem! Das verbessert Ihre Lernfähigkeit um bis zu zwanzig Prozent!

Eine Menge Möglichkeiten, die weitaus effektiver sind als nur in die Glotze zu schauen, denn im Vergleich zu »Wenigguckern« haben Fernsehjunkies auch ein höheres Risiko, im Alter ein schlechter funktionierendes Gedächtnis zu entwickeln.

Das beste Rezept ist daher, sowohl etwas für den Körper und den Geist sowie die Seele zu tun. Und das gelingt Ihnen bereits mit zweieinhalb Stunden Sport – am besten mit Trainingspartner – pro Woche. So können Sie Bewegung und Kommunikation sogar spielerisch kombinieren.

Es hilft Ihnen, Gedächtnisprobleme deutlich einzudämmen, und scheint in vielen Fällen besser zu helfen als Medikamente – von den fehlenden möglichen Nebenwirkungen und Risiken einmal ganz abgesehen.

Ein australisches Forscherteam um Nicola Lautenschlager von der University of Melbourne konnte zum Beispiel anhand einer Untersuchung an 138 Teilnehmern mit einem Altersdurchschnitt von über fünfzig Jahren feststellen, dass Bewegung weitaus mehr Effekte hat als nur »körperliche Fitness«. So war die Erinnerungsfähigkeit der Teilnehmer, die bereits erste Gedächtnisprobleme, aber noch keine krankhafte Demenz aufwiesen, am Ende der Studie deutlich verbessert. Im Rahmen der Untersuchung baten die Forscher etwa die Hälfte der Teilnehmer, sich über eine halbes Jahr lang dreimal wöchentlich für fünfzig Minuten sportlich zu betätigen, während die andere Hälfte sich nicht bewegte. Ein Großteil der aktiven Studienteilnehmer bevorzugte dabei das Spazierengehen, was sie auch im Anschluss an die Studie beibehielten. Zur Orientierung wurde eine siebzigstufige Alzheimerskala, die sogenannte Alzheimer's Disease Assessement Scale – cognitive subscale (ADAS-cog) verwendet, mit deren Hilfe die Forscher die Gedächtnisleistung, die Orientierung, das Aufmerksamkeits- und Urteilsvermögen, die Sprache und die praktischen Fähigkeiten überprüften. Erstaunlicherweise konnten die positiven Auswirkungen der körperlichen Aktivität schon nach nur einem halben Jahr eindeutig nachgewiesen werden: Die aktive Gruppe schnitt um 1,3 Punkte besser ab als die Gruppe, die sich nicht bewegte.

Obwohl die Sportgruppe am Ende der Studie – also nach 18 Monaten – »nur« ein um 0,69 Punkte besseres Ergebnis erzielte als die Vergleichsgruppe, war die Umstellung zu einem bewegungsintensiveren Alltag den Medikamenten immer noch überlegen. Der niedrig erscheinende Wert könnte darüber hinaus auch auf den relativ geringen Bewegungsumfang pro Woche zurückzuführen sein.

Dennoch wiesen die Sportler auch zwölf Monate nachdem die Untersuchung und damit das Training beendet worden waren noch bessere Werte auf. Auch das allgemeine Wohlbefinden und die Lebensqualität der Teilnehmer hatten sich stark verbessert, und sie litten seltener unter Depressionen und diversen Herzgefäßerkrankungen.

Diese erstaunlichen Effekte, die bereits einfaches Spazierengehen bewirken kann, konnte auch von einem Team um den Neurologen Kirk I. Erickson von der Universität Pittsburgh unterstrichen werden. Die Studie ergab, dass Spazierengehen von wenigstens zehn Kilometern pro Woche den Gedächtnisverlust im Alter bereits deutlich verringert. Es konnte gezeigt werden, dass die ausdauerndsten Spaziergänger in der Studie ihr Risiko an Gedächtnisschwund zu erkranken über die Jahre hinweg sogar halbieren konnten!

Diese umfangreiche Untersuchung wurde mit 299 nicht an Demenz erkrankten Senioren begonnen und erstreckte sich über einen Zeitraum von dreizehn Jahren. Dabei dokumentierten die Forscher genau, welche Entfernungen die einzelnen Teilnehmer pro Woche zu Fuß zurücklegten. Die Hirnmessungen, die nach neun Jahren vorgenommen wurden, belegten, dass die Spaziergänger, die etwa zehn bis 16 Kilometer pro Woche absolviert hatten, massive positive neurophysiologische Veränderungen aufzeigen konnten. Mittels bildgebender Verfahren wurde sichtbar, dass die aktiveren Alten über nachweislich mehr graue Hirnmasse verfügten als die weniger Sportlichen.

Um herauszufinden, wie viel Bewegung wenigstens notwendig ist, um noch von dieser positiven Beeinflussung profitieren zu können, wurden 2006 in einer amerikanischen Studie der University of Washington 1740 Personen die älter als 65 Jahre waren über einen Zeitraum von mehr als sechs Jahren wissenschaftlich begleitet. Von diesen Personen erkrankten 158 an Demenz und 107 Teilnehmer an Alzheimer. Die Studie zeigte, dass die Neuerkrankungsrate bei der Demenz bei 1,3 Prozent lag, wenn mehr als dreimal wöchentlich körperliche Aktivitäten auf dem Programm standen, bei weniger als drei Bewegungseinheiten pro Woche betrug die Rate bereits 1,9 Prozent. Mit zunehmender Aktivität verringert sich das Risiko, an Demenz zu erkranken, also nachweislich. Vergleichbare Ergebnisse ließen sich auch in der Gruppe der Alzheimer-Patienten festhalten.

Aber auch wenn bereits erste pathologische Veränderungen im Gehirn nachzuweisen sind, scheint Bewegung noch sehr effektiv zu sein. Eine Forschergruppe aus Kalifornien konnte nachweisen, dass sich bei Mäusen, die im Laufrad regelmäßig fünf bis sechs Kilometer zurücklegten, Ablagerungen im Gehirn, sogenannte Amyloidplaques, deutlich verringerten. Offensichtlich führte ein natürlicher Prozess, der durch Aktivität ausgelöst wurde, zu diesen positiven Veränderungen. Auch hierbei scheint das BDNF einer der Schlüsselfaktoren zu sein, die für die Regeneration der Zellen verantwortlich ist. Körperliche Aktivität kann somit sowohl vorbeugend als auch therapeutisch wirksam bei Alzheimer und Demenz eingesetzt werden.

So berichteten australische Forscher, dass leichter Sport den Beginn einer Alzheimererkrankung verzögert. Und das können durchaus auch andere Bewegungsformen wie etwa Nordic Walking, Koordinationstraining – oder der Gang in eine Tanzschule oder ein Tanzlokal sein. Denn gerade ältere Menschen, die regelmäßig tanzen, verfügen laut den Untersuchungen des Berliner Universitätsklinikums Charité über ein besseres Gleichgewichtsgefühl und bessere motorische Fähigkeiten als Nichttänzer. Erstaunlicherweise erzielten die Tänzerinnen auch in Tests, die nichts mit Tanzen zu tun hatten, bessere Ergebnisse und punkteten in Sachen Tastempfinden, Aufmerksamkeit und Denkfähigkeit.

Hobbys für die Denkfabrik –
Wie wir unser Gehirn auf Trab halten können

Körperliche Aktivität lässt demnach im Gehirn neue Zellen heranwachsen und verbessert somit die Leistung und Funktionsfähigkeit dieses zentralen Organs. Gehirne von Sportlern sind also viel anpassungsfähiger als die Literatur bisher beschrieb.

Die Hinweise in der neueren Forschung darauf, dass körperliche Aktivität vor Alzheimer oder Demenz schützen kann, mehren sich. Und scheinbar genügen selbst geringe körperliche Aktivitäten, die regelmäßig ausgeführt werden, das Risiko, an Alzheimer oder den unterschiedlichen Demenztypen zu erkranken, deutlich zu verringern.

Gerade aber ältere Personen, die alleine leben und wenig soziale Kontakte pflegen, scheinen selten den Weg vor die Türe zu finden und greifen lieber auf »mediale Unterhaltung« zurück. Dabei konnte eine Studie der Mayo Clinic im US-amerikanischen Rochester bestätigen, dass zum Beispiel täglicher intensiver Fernsehkonsum das Risiko für Gedächtnisverluste nachweislich ansteigen lässt. Schon wer weniger als sieben Stunden täglich in die Röhre schaute, konnte das Risiko um fünfzig Prozent senken.

Ebenso konnte bei der Befragung einer Gruppe von 197 Personen im Alter von siebzig bis 89 Jahren mit leichten Gedächtnisverlusten und einer gesunden Vergleichsgruppe gezeigt werden, dass das Risiko für einen Gedächtnisabbau um dreißig bis vierzig Prozent geringer war, wenn die Personen einem »einfachen« Hobby nachgingen.

Und Ihrer Phantasie sind kaum Grenzen gesetzt, wenn es um das Thema »brainjogging« geht. Sollten Sie also zu den Bewegungsmuffeln gehören und sich mit keinem unserer Argumente umstimmen lassen, tun es auch eine Vielzahl anderer Hobbys. Sie werden es wahrscheinlich kaum für möglich halten, aber auch Stricken, Töpfern, Instrumente spielen, Sudoko und selbstbestimmte Computerspiele oder einfach der Umgang mit dem Computer verschaffen unserem Gehirn neue Reize und verbessern damit seine Leistungsfähigkeit.

Denn das neuronale Netz im Gehirn ist zunächst einmal quasi auf Verdacht angelegt. Nicht unsere Gene alleine, sondern vor allem unsere Erfahrungen und Eindrücke sind die Grundlage dafür, welche Verbindungen im Gehirn geknüpft werden. Es gibt also sowohl bereits bestehende Verbindungen, die oft überflüssig sind, als auch andere, die wir zwar kaum nutzen, die aber zu einem späteren Zeitpunkt unseres Lebens eine wichtige Rolle spielen. Die erfreuliche Konsequenz lautet: Wir können unser geistiges Leistungsvermögen auf allen Gebieten verbessern – auch noch im hohen Alter!

Auf biochemischer Ebene ist dafür insbesondere der Neurotransmitter Dopamin von Bedeutung, denn das Dopamin sorgt dafür, dass Informationen über die Synapsen von Nervenzelle zu Nervenzelle weitergegeben werden können. Dopamin wird daher häufig als eine Art Glückshormon bezeichnet, denn es liefert uns einerseits die nötige Motivation, uns mit einer neuen Problemstellung auseinanderzusetzen und belohnt uns andererseits mit positiven Gefühlen, wenn wir die Aufgaben erfolgreich gelöst haben. Wir können uns auf diese Weise ständig selbst belohnen.

Henning Scheich vom Leibniz-Institut für Neurobiologie der Universität Magdeburg, der zu den international renommiertesten Lern- und Hirnforschern gehört, nennt weitere Wirkungsweisen des »Wunderhormons«. So gelangen etwa Informationen, die unter dem Einfluss von Dopamin im Kurzzeitgedächtnis gespeichert werden, bevorzugt ins Langzeitgedächtnis und werden dort abgespeichert. Dazu sind nicht nur Motivation und Freude an einer Tätigkeit eine wichtige Voraussetzung, sondern auch der Neuheitsgrad der Aufgabe.

Sie könnten also beispielsweise eine neue Sprache lernen. Dazu müssen Sie sich Vokabeln einprägen und diese abspeichern und gleichzeitig mit einer bestimmten Bedeutung verknüpfen. So trainieren Sie nicht nur Ihre Intelligenz, sondern schaffen neue Speicher und Assoziationssysteme.

Sudoko und Kreuzworträtsel machen hingegen nicht zwangsläufig schlau. Denn hierbei wird nur bereits vorhandenes Wissen reproduziert und abgerufen, es werden jedoch keine neuen Informationen abgespeichert.

Im Gegensatz dazu kann hingegen die intensive Beschäftigung mit einem Hobby um einiges »schlauer machen«. Das wird Ihnen jedoch nur gelingen, wenn Sie Ihre Interessen auch wirklich ernst nehmen und sich in diesem Bereich ein regelrechtes Fachwissen aneignen. Ist Ihr Hobby beispielsweise die Gärtnerei, so lernen Sie Fachbegriffe, und schulen Sie Ihre Freunde und Bekannten.

Das Lösen eines Kreuzworträtsels bringt hingegen nur eine geringe Ausschüttung von Dopamin mit sich, eine Speicherung ins Langzeitgedächtnis erfolgt kaum.

Die wichtigste Regel in Ihrem Alltag sollte daher lauten: Vermeiden Sie Wiederholungen, und wagen Sie neue Herausforderungen!

Brillant im Alter –
Warum Nobelpreisträger älter als 45 sind

Schauen wir uns die größten Denker und Wissenschaftler an, so findet sich darunter niemand in jungem Alter, jedenfalls kaum jemanden unter vierzig. Amerikanische Forscher konnten unlängst zeigen, dass die bahnbrechendsten Forschungen erst sehr viel später, meist im Alter jenseits des 45. Lebensjahres, erbracht wurden. Es kann also sein, dass auch Sie noch Chancen auf den Nobelpreis haben, denn von den 525 untersuchten Nobelpreisträgern waren die wenigsten jünger als Sie.

Der mediale Markt hat diese Nische bereits entdeckt und auf die steigende Nachfrage nach Denksportaufgaben reagiert. Im Internet sind etliche Gratis-Angebote zum Thema zu finden, die alle unseren grauen Zellen auf die Sprünge helfen können! Hier gibt es für jedermann und jede Frau das passende Angebot. Denn Denken ist ein äußerst komplexer Prozess, und nicht alle Informationen werden vom Gehirn gleich verarbeitet, und außerdem ist das Gehirn natürlich bei jedem Menschen unterschiedlich leistungsstark.

Manche Menschen können eher mit Zahlen umgehen, andere wiederum sind größere Talente in puncto Kommunikation. Das Portal www.hirnsport.de zum Beispiel bietet eine breite Palette an Förderangeboten. Dort können Sie kostenlos Denksportaufgaben aus sieben verschiedenen Kategorien und unterschiedlichen Schwierigkeitsstufen auswählen.

Ein weiteres Portal nennt sich www.ahano.de, das unter anderem Spielformen wie interaktives Sudoku oder Kakuro, eine Art Kreuzworträtsel aus Zahlen, anbietet. Darüber hinaus finden Sie dort »Übungen zur Verbesserung des Reaktionsvermögens, des logischen Denkens, des Kurzzeitgedächtnisses und viele weitere Denkaufgaben«.

Sollte Ihnen das strategische Denken besonders viel Freude bereiten oder wollten Sie schon lange einmal Ihre Fähigkeiten auf diesem Gebiet verbessern, so bietet Ihnen das Online-Portal der FAZ (www.faz.net) entsprechende Übungen an, etwa »Türme von Hanoi« oder Angebote zur Förderung Ihrer visuellen Wahrnehmung, in denen beispielsweise das Einprägen von Flaggen geübt wird. Auch dieses Gehirnjogging-Angebot ist kostenlos und kann unter »Aktuell« -> »Wissen« -> »Gehirntraining« abgerufen werden.

Sollten Sie über keinen Internetzugang verfügen, so können Sie sich vergleichbare Literatur auch in Bibliotheken und Büchereien besorgen.

Und wenn Sie einen guten Freundes- und Bekanntenkreis besitzen, haben Sie sowieso kein Problem: Besser als der Umgang mit jedem Vierbeiner oder jeder Kuschelrobbe regt immer noch die verbale Kommunikation mit einem Gesprächspartner unser Gehirn an!

Vor allem konstruktives Streiten, Diskutieren und Philosophieren macht »besonders schlau«, wie Peter Sturm, Diplom-Psychologe und Mitbegründer der Gesellschaft für Gehirntraining, betont. Seiner Meinung nach können wir unseren Kopf nicht besser trainieren als bei einem Gespräch, an dem wir intensiv teilnehmen. Denn in Diskussionen und Streitgesprächen müssen Sie zunächst aktiv zuhören und dann das Zugehörte verarbeiten, um binnen Sekunden Ihre Gegenargumente im Kopf zu bilden und auszuformulieren. Eine wahre Meisterleistung unseres Gehirns!

Damit Sie sich lebenslang auf die volle Funktionstüchtigkeit Ihres Gehirns verlassen und Ihr geistiges Potenzial voll ausschöpfen können, dürfen wir schließlich auch nicht die richtige Versorgung unseres Gehirns über unsere tägliche Ernährung vergessen.

Wie anfangs beschrieben, macht unser Gehirn zwar nur rund zwei Prozent unseres Körpergewichts aus, verbraucht aber zwanzig Prozent der Energie, die wir insgesamt benötigen. Da es zudem eine Vielzahl von Nährstoffen benötigt, ist eine gute, vollwertige Ernährung die Grundlage für einen leistungsfähigen Kopf.

Als Haupttreibstoff für unser Gehirn dient die Glukose, die wir in Form von Kohlenhydraten aufnehmen. Da wir diese Vorräte spätestens nachts aufbrauchen, ist ein umfassendes Frühstück am nächsten Morgen die wichtigste Mahlzeit des Tages. Zwar würden wir Routinearbeiten noch mühelos bewältigen können, aber sobald geistige (Hoch)leistung verlangt wird, sind ausreichend Nährstoffe unerlässlich. Damit diese Nährstoffe aber auch im Gehirn ankommen können und das Blut dünnflüssig bleibt, brauchen wir vor allem viel Flüssigkeit. Trinken Sie also viel reines Wasser. Im Gegensatz zu den Muskeln besitzt unser Gehirn feinste Blutgefäße, die dickflüssiges Blut nicht erreichen kann. Trinken Sie daher kontinuierlich und über den Tag verteilt immer wieder Wasser. Es hilft nichts, wenn Sie erst am Ende des Tages alles auf einmal zu sich nehmen.

Allerdings zeigen neue Studien auch, dass ein ständig erhöhter Blutzuckerspiegel Proteine im Gehirn schädigt. Gerade die Gehirne von Diabetikern zeigen gravierende Veränderungen. Deswegen ist es wichtig, längere Pausen zwischen den Mahlzeiten einzuschieben, damit die Glukose zwischenzeitlich abgebaut werden kann und der Insulinspiegel wieder heruntergefahren wird. Drei bis vier Stunden sollten also zwischen den einzelnen Mahlzeiten liegen.

Wie sagte doch Henry Ford: Nimm die Erfahrung und die Urteilskraft der Menschen über fünfzig aus der Welt, und es wird nichts mehr übrig bleiben, um ihren Bestand zu sichern. Ohne uns »alte Säcke« wäre die Welt eben nicht dieselbe. Genau deswegen sollten wir sie bereichern mit unseren Gedanken, unseren Ideen und unseren Erfahrungen.

Für einen perfekten Start in einen Tag, der ein Mehr an geistigem und körperlichem Wohlbefinden verspricht, heißt es also, ausgiebig frühstücken, am besten zu zweit mit ganz viel Diskussionsstoff und anschließend noch ausgiebigerem Spazierengehen.

Viel Spaß dabei!

Kapitel 4

Herr Brin treibt Sport –
Wie Sie selbst bestimmen können, wie alt Sie werden

Kennen Sie Sergei Brin? Auch wenn Sie ihn nicht kennen, so beanspruchen Sie sicher häufig seine Hilfe, immer dann nämlich, wenn sie im Internet etwas suchen, wenn sie googeln.

Sergei Brin ist einer der Gründer von Google, und sein Vermögen wird auf 15 Milliarden Euro geschätzt.

Doch das viele Geld, das er theoretisch besitzt, noch hat er sein »Baby« ja nicht verkauft, nimmt auch ihm nicht die Angst vor dem Älterwerden. Im Gegenteil. Denn schon mit Ende dreißig (Sergei Brin ist 1973 geboren) treibt er Sport, was das Zeug hält.

Viele von uns tun das aus Spaß, die wenigsten ausschließlich aus dem Gedanken heraus, etwas für die Gesundheit zu tun. Sergei Brin tut es aus Angst. Aus Angst vor Parkinson.

Das Gen LRRK2, das Sergei Brin besitzt, trägt eine Mutation, und so hat er vermutlich ein höheres Risiko, an Parkinson zu erkranken. Seine Mutter, die an der Krankheit leidet, ist ebenfalls Trägerin dieser Mutation. Das versetzt ihn verständlicherweise in Aufregung.

Was würden Sie an seiner Stelle tun? Vermutlich das Risikopotenzial prüfen und Behandlungsmöglichkeiten checken, oder eben einfach »googeln«. Vielleicht gehören Sie aber auch zu denen, die sagen: Es kommt, wie es kommt. Damit liegen auch Sie nicht falsch. Denn keiner weiß tatsächlich genau, ob der »worst case« auch eintritt.

Was aber tat Sergei Brin? Nicht nur mit der eigenen Suchmaschine fand er heraus, dass die Wahrscheinlichkeit, an Parkinson zu erkranken, durch das Vorhandensein des mutierten Gens für ihn um 30 bis 75 Prozent erhöht ist. Beim Durchschnittsamerikaner liegt das Risiko deutlich niedriger, bei ungefähr einem Prozent. Sergei Brin selbst sagt, er besitze somit eine Chance von fünfzig zu fünfzig. Wahrscheinlich ist er auch der Erste, der nach einem Gentest Gelder zu Forschungszwecken spendete (man schätzt an die fünfzig Millionen Dollar), um damit einer eigenen Erkrankung vorzubeugen. Aber bis diese Forschung Ergebnisse bringt, kann es lange dauern. Keine direkte Lösung also, höchstens eine Beruhigung für die angeschlagene Psyche eines angehenden Vierzigjährigen.

Also stürzte sich Sergei Brin auf die wenigen Erkenntnisse, die es über Parkinson gibt. Und die beziehen sich auf den Sport. Eine Studie zeigte nämlich, dass junge Männer, die Sport treiben, ihr Risiko an Parkinson zu erkranken um bis zu sechzig Prozent senken können. Außerdem scheint Kaffeekonsum ebenfalls präventiv zu wirken. Diese Erkenntnisse warfen ein rosigeres Licht auf Sergei Brins Zukunft. Er treibt jetzt viel Sport und nimmt an, sein Risiko damit um die Hälfte reduziert zu haben, es läge dann nur noch bei 25 Prozent.

Alles rein statistisch natürlich. Sergei Brin könnte genauso gut mit dem Rauchen anfangen. Denn auch das senkt anscheinend das Risiko für eine Parkinson-Erkrankung. Dafür würde er aber das Risiko von Herz-Kreislauf-Erkrankungen und Lungenkrebs erhöhen und so im schlimmsten Fall, verzeihen Sie die harte Formulierung, das Auftreten der Parkinson-Erkrankung gar nicht mehr erleben.

Warum erzähle ich Ihnen das alles? Es zeigt uns, dass wir alle, die wir die fünfzig überschritten haben, natürlich gerne die Zukunft erleben würden. Die Angst, dass da etwas dazwischenkommt, spielt aber immer mit. Deshalb blenden viele manche Dinge einfach aus oder werden zu Getriebenen, ohne sicher zu sein, ob der Stress wirklich etwas nützt. Das gilt für den ersten Marathon genauso wie für die Gesundheitsvorsorge. Viel nützt viel ist nicht immer der beste Ratgeber. Und die Angst auch nicht. Denn die kann selber wieder zu Dauerstress führen, und das ist auch nicht gesund.

Warum werden überhaupt einige Menschen älter als andere. Glückssache? Oder können wir doch selber Einfluss auf unsere Lebenserwartung nehmen? Wenn die Gene daran zu ca. einem Drittel beteiligt sind, bleiben noch zwei Drittel für uns. Und das bedeutet: Ja, wir haben die Dinge auch selbst in der Hand.

Wir altern, weil wir leben – Was unsere Zellen altern lässt

Das Leben ist eine ständige Abnutzung, hervorgerufen durch die Notwendigkeit, ständig komplexe chemische Prozesse im Körper aufrechterhalten zu müssen. Irgendwann schleichen sich in diese Prozesse einfach Fehler ein, die zu Veränderungen führen. In der Jugend werden diese Schäden wieder repariert, eine Art Schutzmechanismus kümmert sich um die Zellen. Da wird aufgeräumt und beseitigt, was der Körper hergibt.

Mit zunehmendem Alter aber führt die dauerhafte Schädigung, zum Beispiel durch freie Radikale, in den Kraftwerken der Zellen zu Problemen. Die Energieverbrennung läuft nicht mehr rund, und die Zellen sterben ab.

Aber nicht nur dieser Prozess sorgt für Alterung. Forscher fanden heraus, dass unsere Zellen auch eine Art inneres Zählwerk besitzen, wodurch ihre Lebensdauer begrenzt ist. Nach einer bestimmten Anzahl von Teilungen geht die Zelle in Rente, die sogenannte Zellalterung setzt ein. So sind letztlich auch gestörte Stoffwechselleistungen für einen vorzeitigen Alterungsprozess verantwortlich, und so wird verständlich, wenn unser Körper im fortschreitenden Alter mit Krankheiten mehr Probleme hat. Denn auch das Immunsystem büßt einen Teil seiner Effektivität ein. Jede Zelle hat also eine bestimmte Lebenszeit. Unsere DNA, die Erbinformationsstränge, die in den Zellen liegen, werden geschützt von den sogenannten Telomeren. Die sitzen am Anfang und Ende eines jeden Stranges und werden bei jeder Zellteilung kürzer, bis nichts mehr von ihnen übrig ist. Dann wird die Zelle funktionsunfähig. Und jetzt wird es interessant. Denn bei Wimperntierchen, also im kleinsten Tierreich, werden die Telomere nicht kürzer, sondern zwischenzeitlich auch wieder länger.

Dafür verantwortlich ist ein Enzym mit dem Namen Telomerase. Die Aktivität und Masse dieses Enzyms hat eine wichtige Funktion bei der Zellteilung. Ohne dieses Enzym würden die Telomere schrumpfen – und Sie wissen schon –, immer kürzer werden bis zur Zellrente.

Bei manchen Tieren funktioniert die Reparatur der Telomere schon ganz prima. Zum Beispiel beim Nacktmull. Der ist, wie der Name schon sagt, nackt und lebt unter dem Boden, und er wird neunmal so alt wie Hausmäuse.

Und das liegt nicht nur daran, dass er sich vor Fressfeinden versteckt. Er scheint auch die oben angesprochene Fähigkeit zur Selbstheilung entwickelt zu haben. Es sieht so aus, als sei das hässliche Tier dem Menschen in dieser Hinsicht deutlich überlegen.

Seinen Reparaturcode zu entschlüsseln wäre ein Schritt zu einem höheren Alter. Es läge nahe, auch beim Menschen die Aktivität des Enzyms zu erhöhen und damit den Schutz der Chromosomen, auf denen die Erbinformation sitzt, zu verlängern. Bei der Untersuchung einiger älterer Menschen wurde tatsächlich entdeckt, dass sie längere Telomere haben.

Forscher vermuten, das Leben könne zwischen zehn bis dreißig Jahre verlängert werden, wenn das Schrumpfen der Telomere unterbunden werden könnte. Aber Vorsicht: Altern würde man trotzdem!

Das Methusalem-Gen –
Wie genetische Strukturen unser Alter bestimmen

Wir müssten also schon die Zellteilung aufhalten, um dem senilen Fluch zu entgehen.

Hatten wir aber nicht gesagt, dass unsere Lebenserwartung zu einem Drittel von den Genen beeinflusst wird? Das wäre doch auch ein Ansatz. Wir müssten nur das Alters-Gen entdecken, einpflanzen und fertig. Aber so einfach ist das nicht. Die Suche nach dem Methusalem-Gen, wie man es nennt, da diese biblische Gestalt angeblich stolze 969 Jahre alt wurde –, ist zwar in vollem Gange, aber bisher nicht von viel Erfolg gekrönt.

Einige interessante Erkenntnisse über die genetischen Voraussetzungen für das Altern hat man bei der Suche dennoch gewonnen: Ein bestimmter Fadenwurm – den lateinischen Namen erspare ich Ihnen besser – ist nur einen Millimeter groß, hat aber immer die gleiche Anzahl Zellen. Bei ihm wurde ein Gen gefunden, das für sein langsames Altern verantwortlich ist, und dieses war besonders effektiv, wenn das Tier zusätzlich dem Hunger ausgesetzt war. Hiermit bestätigte sich etwas, das Wissenschaftler schon früher an Tieren beobachtet hatten.

Eine Diät, die das Leben verlängert – dieser Effekt scheint für den Wurm zu gelten. Was aber heißt das für den Menschen? Solange er dieses Gen nicht hat, muss er tatsächlich weiter auf seine Kalorienzufuhr achten, um seine Hoffnung auf ein längeres Leben aufrechterhalten zu können.

– Am Institut für Klinische Molekularbiologie der Uni Kiel verglichen Forscher das Erbgut von 380 Hundertjährigen mit 731 zufällig ausgewählten jüngeren Personen. Der Grund: die Fahndung nach dem Gen FOXO3a, das zum Beispiel bei Fruchtfliegen Funktionen steuert, die für das Altern relevant sind. Das Gen codiert ein Protein, das dafür sorgt, dass krankhafte Zellen sozusagen Selbstmord begehen, sodass sie sich nicht weiter teilen können. Schon eine Studie auf Okinawa konnte bei langlebigen Amerikanern japanischer Herkunft die Häufung einer speziellen Variante dieses Gens feststellen. Und auch die Studie der Kieler bestätigte die Existenz dieses Langlebigkeits-Gens. Denn auch hier kam das Gen bei Hochbetagten besonders oft vor. Weitere Gene, die Einfluss auf Alterungsprozesse haben, werden zurzeit noch untersucht.

– David Kipling von der Cardiff University in Wales erforscht das Werner Syndrom, eine Erkrankung, die Menschen schneller altern lässt, da ein Teil der Zellen schneller altert. Die von dieser Erkrankung Betroffenen sehen häufig mit dreißig bereits so aus, als seien sie hundert. Seit der Entdeckung des Proteins P38mark, das diesen Prozess steuert, schöpfen die Forscher Mut. Sie hoffen nun, die Krankheit bekämpfen zu können, aber auch, neue Erkenntnisse über Alterungsprozesse zu erhalten. Und tatsächlich konnten im Labor einzelne Zellen mit dem Werner Syndrom bereits geheilt werden. Die Alterung und Veränderung der Zellen konnte unterbrochen werden. Und dies ist vielleicht auch eine gute Nachricht für Tumor-Patienten.

– Forscher aus Paris suchten in Zellen von Hundertjährigen nach Hinweisen, ob Gene, die den Cholesterinabbau und den Blutdruck steuern, bei Älteren überproportional vorhanden sind. Im Blick ist hier das Enzym ACE, das gefäßverengend wirkt und bei hohem Blutdruck mit dem sogenannten ACE-Hemmer bekämpft wird. Gerade ältere Menschen kämpfen ja bekanntlich mit dieser Volkskrankheit. Und die Proteine APOB und APOE kamen in den Focus, weil mit ihrer Hilfe das schädliche Cholesterin aus dem Blut entfernt und umgewandelt wird. Eine Variante dieser Proteine soll sogar für die Entstehung von Alzheimer verantwortlich sein.

Das Ergebnis der Untersuchung aber überraschte. Im Vergleich mit der Kontrollgruppe trugen gerade die Hundertjährigen eine Genvariante in sich, die als Auslöser für krankhafte Blutwerte gilt. Und auch beim ACE-Gen war es ähnlich: Die Alten waren in Besitz einer Genvariante, die das Risiko für einen frühen Herzinfarkt erhöht.

Nun ist das Leben im Labor allerdings ein anderes als draußen, und nicht alle Erkenntnisse aus dem Labor lassen sich so einfach auf den Menschen übertragen. So lebten Mäuse in Versuchen zum Werner-Syndrom in kontrollierter Umgebung tatsächlich fünfmal länger. Und bei den oben beschriebenen Untersuchungen zu Genvarianten, die eigentlich Herzinfarkte begünstigen, ergab sich, dass sie wohl nur im jungen Alter von Nachteil sind. Im hohen Alter jedoch scheint plötzlich die positive Wirkung zu überwiegen.

Das sollte uns Mut machen, denn es zeigt, dass die Wahrscheinlichkeit, im Alter neu zu erkranken, tatsächlich sinkt, wenn man erst einmal gesund 85 geworden ist. Bemühen wir uns also, dieses Ziel zu erreichen.

Wie aber sollen wir das machen, schließlich können wir entsprechende Gene nicht einfach in der Apotheke an der Ecke kaufen kann. Da jedoch die Umwelt und Ihre eigene

Einstellung eine große Rolle beim Altwerden spielen, haben Sie auch auf anderen Wegen einen großen Einfluss darauf, gesund alt zu werden.

Reich macht alt – Welchen Einfluss die Lebensumstände auf unser Alter haben

Auch wenn die Lebenserwartung statistisch gesehen steigt, wird nicht jeder davon profitieren. Wie viele Jahre Lebenszeit wir noch zu erwarten haben, hat wesentlich damit zu tun, wie wir bis zu unserem fünfzigsten Geburtstag gelebt haben. Natürlich haben zumindest in den Industrienationen fast alle Menschen Zugang zu medizinischer Versorgung, die das Leben im Gegensatz zu früheren Zeiten deutlich verlängert.

Allerdings gibt es neben einer mangelnden medizinischen Versorgung etliche andere Faktoren, die das statistische Sterberisiko erhöhen. Eine ungesunde Lebensweise, chronische Krankheiten, aber auch Arbeitslosigkeit, Veränderungen im Familienstand und eine niedrige Bildung sind Faktoren, die statistisch eine geringere Lebenserwartung prognostizieren können. Ja, es ist sogar von Bedeutung, in welchem Bundesland man lebt.

So fand eine Studie des Rostocker Max-Planck-Instituts für demographische Forschung heraus, dass Männer über fünfzig, die in Mecklenburg-Vorpommern leben, 2,7 Jahre weniger Lebenszeit haben, in Baden-Württemberg hingegen 3,1 Jahre mehr. Natürlich nur statistisch gesehen.

Auch wenn das natürlich nicht heißen kann, dass wir

einfach nur an unserem fünfzigsten Geburtstag nach Baden-Württemberg ziehen müssen, um drei Jahre länger zu leben, so geben diese statistischen Erhebungen doch Hinweise auf manch eine Stellschraube, an der wir selber drehen können.

Verlust an Lebenszeit bei Männern in Jahren durch

Scheidung -9,3
Geringe Bildung -7,2
Arbeitslosigkeit -14,3
Schlechter Gesundheitszustand -18,9
Alkoholmissbrauch -16,2
Tabakmissbrauch -18,2
Diabetes -21,4

Verlust an Lebenszeit bei Frauen in Jahren durch

Alleine Leben -4,9
Tabakmissbrauch -22
Alkoholmissbrauch -23,1

Jetzt sind Sie erschüttert. Sollten Sie auch sein. Denn obwohl dies natürlich Durchschnittswerte sind, führen sie uns doch deutlich vor Augen: Wir können etwas tun. Gut, mögen Sie sagen, wir können unser Leben mit der richtigen Einstellung verlängern, aber hundert werden? Das scheint bei diesen Zahlen trotz allem aussichtslos zu sein, oder?

Die gute Nachricht in diesem Zusammenhang gibt es

wahrscheinlich tatsächlich eher für die heute Geborenen, nicht für die heute Fünfzigjährigen. Der Rostocker Bevölkerungswissenschaftler James Vaupel fand deutliche Hinweise dafür, dass die Zahl der gesunden Lebensjahre wächst und dass diejenigen, die heute geboren werden, nicht nur hundert werden können, sondern die Zeit bis zu ihrem neunzigsten Lebensjahr auch in guter Gesundheit verbringen können. Und das Schöne daran ist, dass die Lebenserwartung der Menschen nicht deshalb länger wird, weil sich der Alterungsprozess verlängert, sondern weil er immer später einsetzt.

Den oben skizzierten Statistiken lässt sich also entnehmen, dass der Lebensstandard über Jahre entscheidet, das Einkommen, die Bildung, die gesundheitliche Versorgung und auch ein gesundheitsbewusstes Verhalten. Wer reich ist, hat offensichtlich beim Wettlauf zur Hunderter-Marke die Nase vorn, wer arm ist, stirbt schneller und hat keine Chance.

Statistisch betrachtet ist das tatsächlich wahr. Experten schätzen, dass sich die Zahl der Hundertjährigen in Deutschland bis zum Jahr 2050 verzehnfacht. Auf 115 000! Da wären wir doch auch gerne dabei, oder nicht?

Doch sind diese Hundertjährigen dann wirklich alle Bildungsbürger? Wohl kaum. Denn Lebensstandard und gesundheitliche Versorgung alleine erklären eben nicht alles. Und erstaunlicherweise leben außerhalb Deutschlands gerade in ärmeren Gegenden, in denen die oben genannten Faktoren gerade nicht anzutreffen sind, besonders viele Hundertjährige.

Hundert Jahr, blondes Haar –
Die Hauptstädte der Hundertjährigen

Campodimele ist ein kleines Dorf in der Nähe von Rom mit circa 850 Einwohnern, erreichbar nur über eine kleine Schotterstraße, kein Fitnessstudio, kein McDonalds. In Campodimele herrscht mediterranes Klima, die Bewohner sitzen dort wie in einem Adlerhorst. Und hier lebt man im Durchschnitt zwanzig bis dreißig Jahre länger als im Rest Europas. 15 Prozent der Bevölkerung ist über achtzig Jahre alt, zehn bis zwanzig Personen sind über hundert. Natürlich werden sie jetzt sagen, dass das nichts Außergewöhnliches ist, da in diesem Dorf sowieso alle miteinander verwandt sind. Aber selbst wenn die Genetik in Campodimele eine gewisse Rolle spielt, lassen sich auch einige andere Faktoren beobachten, die den Menschen hier ein langes Leben bescheren.

Sicher ist: Der Lebensstil spielt eine große Rolle und die soziale Komponente ebenfalls. Die Menschen in Campodimele leben noch im Einklang mit der Natur, sind bis ins hohe Alter körperlich aktiv, da sie auf den Feldern mit Kindern, Enkeln und Urenkeln zusammenarbeiten. Sie essen, was ihre Felder hergeben, einfache Kost, frisches Gemüse und natürlich Olivenöl. Davon konsumiert der durchschnittliche Dorfbewohner zehnmal mehr als empfohlen, verbraucht weniger Salz, isst ausschließlich Fisch und trinkt Rotwein. Experten halten dies alles zusammen für Gesundheitsvorsorge in Reinkultur. Herz-Kreislauf-Erkrankungen, die Todesursache Nummer eins in unseren Breitengraden, sind in Campodimele eine Seltenheit.

Ähnliches gilt für Vilcabamba, einem Bergdorf im Süden Ecuadors. Hier leben die »longevos«, die Langlebigen, mit nicht viel mehr, als die Natur so hergibt, im Tal der Ewigen Jugend, das den Legenden der Gegend zufolge das Leben ewig verlängern soll. Auch hier ist die Dichte der Alten auffällig. Und ebenso wie in Italien spielten Bewegung, das Klima, das Essen, aber auch die Ruhe und Ausgeglichenheit eine große Rolle in dem Puzzle, das den Weg zu einem langen Leben offenbart.

Die Liste ließe sich fortsetzen. In der Provinz Nuoro auf Sardinien leben 135 Hundertjährige. Luca Deiana von der Universität Sassari hat dort jahrelang geforscht und fand heraus, dass Aktivität, saubere Luft, die Ernährung, Quellwasser und ein starkes Familien- und Gefühlsleben den Sprung in das Zeitalter Methusalems erst möglich machen.

Überhaupt gilt, je weiter man in Europa gen Süden blickt, desto mehr Menschen erreichen das hundertste Lebensjahr, das hat u. a. der Immunologe Claudio Franceschi festgestellt. Sogar geschlechtsspezifische Unterschiede, wie wir sie für das nördliche Europa feststellen können, werden dabei unwichtiger. Während im Norden sieben hundertjährige Frauen auf einen Mann kommen, ist das Verhältnis auf Sardinien ausgeglichen.

Oder schauen wir ins Hunza-Tal in Pakistan, wo die Hundertjährigen in der Tradition der Naturvölker leben und die Kinder bis zum dritten Lebensjahr gestillt werden. Die Nahrung kommt aus dem fruchtbaren Boden, ohne Düngemittel oder Pestizide.

Und schließlich die japanische Insel Okinawa, die im

Hinblick auf die Langlebigkeit seiner Einwohner am besten untersuchte Region. Die Universität Hawaii sammelt hier seit 1975 Daten von über 900 Hundertjährigen. Auch in Japan scheint die traditionelle Haltung die entscheidende Grundlage für das Erreichen eines hohen Alters zu sein: Ernährung, Teilnahme am sozialen Leben und die Fähigkeit zum Stressabbau. Und dann gibt es hier noch eine ganz besondere Spezialität: Hara Hatchi Bu. Das ist kein Schlossgeist, sondern der Brauch, nur so viel zu essen bis man sich zu achtzig Prozent satt fühlt.

Sie erinnern sich an den Fadenwurm? Der machte eine ähnliche Diät und bewies damit: Der Trick verlängert tatsächlich das Leben. Übergewicht und Fettleibigkeit unbekannt. Interessant, dass in Teilen der Insel, wo die modernen Konsumtempel und Fast Food Einzug gehalten haben, dieses Phänomen schon nicht mehr greift.

Fünfzig, die halbe Strecke – So werden auch Sie hundert Jahre alt

Die Hälfte ist also rum auf dem Weg zur Hundert. Und schon wird uns angst und bange. Denn erstens haben nur wenige von uns die Möglichkeit, wieder wie ein Naturvolk zu leben, noch sind wir in der Lage, das, was bereits geschehen ist, rückgängig zu machen.

Was also tun? Die Lage ist nicht aussichtslos, mehr noch, sie ist sogar hoffnungsvoll. Denn es gibt sicher einige Möglichkeiten, die oben beschriebenen Erkenntnisse auch für sich selbst zu nutzen. Wir haben die Möglichkeit, den Gestaltungsraum von zwei Dritteln, der nicht von der Genetik bestimmt ist, für uns zu nutzen.

Wie viele andere Experten hat auch Dan Buettner in seinem Buch *Blue Zones*, das in Amerika zum Bestseller aufgestiegen ist, die Chancen erkannt, die Gegenden mit einem hohen Anteil an alten Menschen, den »Blue Zones«, aufweisen. Diese Blauen Zonen haben nämlich viele Gemeinsamkeiten, aus denen sich einige Verhaltensweisen für unser eigenes Leben ableiten lassen, und die von Hundertjährigen überall auf der Welt praktiziert werden:

1. sich bewegen, oft zu Fuß gehen, lange arbeiten, aktiv sein
2. soziale Kontakte suchen und pflegen, sich jeden Tag treffen, Termine machen, sich verabreden
3. einen Garten bewirtschaften
4. Rotwein trinken
5. die Seele baumeln lassen, sich Ruhe gönnen, Stress abbauen
6. jeden Tag etwas Neues lernen wollen
7. positiv denken
8. früh, aber wenig essen, kein Fleisch, mehr Fisch, frische Gemüse und Obst, keine Kuhmilch, wenig Salz, Nüsse, Kräuter und Beeren, Olivenöl

Scheint doch gar nicht so schwer, hundert zu werden, wenn man sich diese Liste so ansieht. Vielleicht treffen wir uns ja eines Tages im Club der Hundertjährigen. Und fragen Sie jetzt bitte nicht, ob es überhaupt Sinn macht, so alt zu werden und dafür so viel aufzugeben. Mit dieser Frage werden wir uns später beschäftigen.

An dieser Stelle gehen wir zunächst einfach mal davon aus, dass es auch für Sie ein interessantes Ziel sein könnte, lange zu leben, ihr Alter bewusst zu gestalten und vor allem bis ins hohe Alter gesund zu bleiben.

Schon alleine mit Sport können Sie sich diesen Traum verwirklichen, und Sie potenzieren Ihre Möglichkeiten, wenn Sie auch sonst gesundheitsbewusster leben, wenn Sie gesund essen und eine gesunde Einstellung zum Leben an den Tag legen. Ich wünsche Ihnen viel Glück dabei, denn das werden Sie trotz aller guten Ratschläge auf jeden Fall noch zusätzlich brauchen.

> **Tipp:**
>
> *Augen auf bei der Berufswahl: Werden Sie doch Mönch oder Nonne. Viele Religionen glauben an ein Leben nach dem Tod. Der eine landet im Paradies, der andere auf einer Wolke, der dritte wird als Stubenfliege wiedergeboren (wenn er Pech hat). Doch Glaube und Religion scheinen auch die Lebenszeit im Diesseits zu verlängern. Glaubt man einer Untersuchung der TU Wien über die Sterblichkeit von Männern und Frauen in bayrischen Klöstern, so werden Mönche drei Jahre älter als der Durchschnittsmann. Dies ist nicht die Folge des direkten Drahtes zum Schöpfer oder eine Art Bonuszahlung Gottes für das irdische Wirken seiner Schäfchen. Nein, es scheint laut Studien der Duke University of North Carolina einen Einfluss des Glaubens auf die Gesundheit zu geben. Damit ist vor allem das Gefühl*

gemeint, einer Gemeinschaft anzugehören, also nicht alleine zu sein und Werte wie Nächstenliebe zu praktizieren. Dies führe zu stabileren Beziehungen und somit zu weniger Stress.

So sollen Kirchgänger, die einmal die Woche das Gotteshaus besuchen, sieben Jahre länger leben. Ausschlaggebend sei das bessere Wohlbefinden, eine geringere Anfälligkeit für Herz-Kreislauf-Erkrankungen und Depressionen.

Es gäbe, so Constantin Klein, Theologe an der Universität Bielefeld, eine Heilung durch Seelenheil. Zumal die meisten Religionen eine ganze Reihe von Ernährungsvorschriften haben, die der Gesundheit nicht abträglich sind. Man denke nur an die Fastenzeit oder den Verzicht auf Schweinefleisch. Ob es eine Potenzierung der anzusammelnden Lebenszeit durch die Kombination Mönch und häufigen Besuchen von Gottesdiensten gibt, wurde allerdings nicht untersucht.

Wollen Sie es ganz genau wissen? –
Von Lebenszeitrechnern und anderen Versprechungen

Selbstversuch am 16.9.2011, 14.05 Uhr

Des Öfteren stöbere ich schon mal im World Wide Web. Meistens suche ich nach Erleuchtung bei all den Fragen rund um das Alter. Manchmal bin ich zwar auch für die jüngere Altersgruppe, also meine Töchter, unterwegs, wenn ich mich auf klassenarbeiten.de herumtreibe, um beim gemeinsamen Üben vorzutäuschen, ich hätte mir die ganzen Aufgaben wieder einmal selber ausgedacht. Ansonsten entsprechen die Suchanfragen aber eher meinem Altersprofil.

Was man eben so braucht in meinem Alter, zum Beispiel die verschiedenen Zinsrechner für die unterschiedlichen Bereiche der geriatrischen Vorsorge. Hier sind im Einzelnen zu nennen: Rechner für Bauzinsen, Leasingraten und natürlich Geldanlageprodukte. Manchmal sind es auch Vergleichsrechner: für Autoversicherungen, Strom- und Gaslieferanten.

Bei diesen Gelegenheiten habe ich schon oft gedacht, wie schön es wäre, wenn es einen Rechner geben würde, der alle diese Fragen auf einmal beantworten kann. Ich gebe also die Summe ein, die ich zur Verfügung habe, und der Rechner verteilt die Summe auf die verschiedenen Posten und macht auch gleich Vorschläge, wie ich mein Geld am besten verschleudere.

Nach eben diesem genialen Rechner habe ich an jenem 16. September gesucht, als ich plötzlich auf etwas viel Existenzielleres stieß. Einen Lebenszeitrechner!

Schlagartig wurde mir klar, dass ja die ganze andere Rechnerei nichts mehr nützt, wenn sich das ganze Geldanlegen zeitlich gar nicht mehr lohnt. Warum noch länger einzahlen, wenn mein Leben am seidenen Faden hängt und zeitnah beendet ist. Oder, was vielleicht noch schlimmer wäre, so lange dauert, dass ich das von mir anvisierte Rentenziel zwar erreiche, aber gar nicht mehr auskosten kann, weil ich mich in der dämmernden Düsternis des Vergessens befinde.

Anbieter für die Rechnung des Lebens jedenfalls gibt es

einige. Und um es vorweg zu sagen, ich habe so gut abge-
schnitten, dass alle Tests mir bescheinigten, dass ich auf jeden Fall noch am Leben sei. Das ist doch schon mal was,
oder?

Gefragt wurde so dies und das, aber insgesamt war es
ein Potpourri aus Bildung, Sozialem, Genetik, Gesundheit, Ernährung und Bewegung. Und ich habe in keinem
Test geschummelt. Hätte man aber machen können. Denn
man lebt im Test länger, wenn man keinen Alkohol trinkt,
ständig Sex hat, in die Kirche geht, immer Gemüse isst, viel
Sport treibt, nicht in Mecklenburg-Vorpommern lebt und
einen Studienabschluss hat. Einige Parameter stimmen bei
mir sowieso, bei anderen hätte ich lügen können. Ich ver-
rate Ihnen aber nicht bei welchen!

Und was soll ich sagen? Beim *Focus* werde ich 93!
Wahnsinn, oder? Allerdings machte mich stutzig, dass ich
beim ZDF 79 werde, bei Cosmos Direkt aber nur 74. Da-
zwischen liegt noch das Ergebnis bei *Fit for Fun* mit 84.
Wahrscheinlich, weil ich da auch angeben musste, ob ich
Optimist bin. Denn das macht ganz schön was aus!

Und weil ich schon mal dabei war, habe ich dann auch
gleich noch mein biologisches Alter abgefragt. Ich hatte
nämlich Blut geleckt. In Aussicht zu haben, dass ich 93
werde und dass mein biologisches Alter 32 ist, obwohl ich
in überschaubarer Zukunft fünfzig werde, wäre das nicht
der Hammer?

Das könnte man auch gut ins Gespräch einfließen lassen, wenn man mit Freunden beim Wein sitzt: »Ach übrigens,
ich habe angegeben, dass ich einen halben Liter Wein
täglich trinke, und trotzdem bin ich eigentlich erst 32, und

ich werde erst mit 93 sterben.« Das muss dann erst mal jemand toppen.

Aber Sie ahnen es bereits, das Ergebnis war nicht ganz so brillant, wie ich gehofft hatte. Denn beim biologischen Alter stolperte ich über meinen Sonnenkonsum, den Stress und die mangelnden Ruhepausen. Da musste ich leider überall lausige Werte eingestehen. Deshalb erzielte ich beim *Focus*, der mir doch so ein langes Leben vorausgesagt hatte, in diesem Punkt mein schlechtestes Ergebnis. 45,9! Ich bin also wirklich fast so alt wie ich bin!

Da tröstet mich die AOK ein klein wenig. Dort bin ich 44,1. Und dann hellte sich mein Alters-Horizont doch noch einmal auf: Denn RTL bot mir eine 41,2 an! Nehme ich ungesehen. Packen Sie's mir gleich ein. Ich glaube, auch hier war mein Pfund die stabile soziale Beziehung.

Irgendwann ging dann auch dieser schöne Selbstversuch zu Ende. Ich blieb allerdings noch ein wenig online. Ich habe dann noch ein Abo für den *Focus* abgeschlossen und nachgeschaut, was auf meinem neuen Lieblingssender abends so läuft, bevor ich schlafen gegangen bin – für mindestens acht Stunden. Das macht immerhin 2,5 Jahre aus!

Kapitel 5

Wie ein guter Wein –
Was ist Reife, und wie erlangt man sie

»Gilt man erst einmal als weise, ist es schwer, das Gegenteil zu beweisen«, meinte Peter Ustinov einst. Und dem alten Menschen wird ja gerne zugeschrieben, dass er weise sei, vielleicht nicht immer berechtigterweise.

Seit der Antike schon werden dem Alter viele positive Seiten zugesprochen: Sachverstand, Ausgeglichenheit, Weisheit und Wissen gepaart mit Erfahrung – die wahren Werte des Alters. Ein alter Mensch ist eben auch ein gereifter Mensch, nur eine lange Lebenserfahrung kann die Grundlage für viele der Charaktereigenschaften sein, die alten Menschen so gerne zugesprochen werden.

Sind all dies nicht Eigenschaften, die es einem durchaus schmackhaft machen könnten, alt zu werden? Doch selbst dort, wo die Wissenschaft es sich zur Aufgabe gemacht hat, jüngeren Menschen das Altsein nahezubringen, hat sie sich wieder einmal lediglich auf die körperlichen Aspekte konzentriert.

Der sogenannte »Age Explorer«, eine Art Anzug, der dem Träger simuliert, er sei siebzig Jahre alt, soll jüngeren Menschen einen Zugang zum Alter eröffnen.

Doch was erwartet den Anzugträger? Er kann plötzlich schlechter sehen, die Farben erkennt er ungenauer, seine Beweglichkeit ist eingeschränkt und natürlich auch das Hörvermögen. Können Sie sich da noch vorstellen, dass Sie jemals alt werden wollen, wenn Sie aus diesem Ding steigen?

Gibt es nicht auch Vorzüge im Alter, deren Nachvollzug weit besser geeignet wäre, eine positive Assoziation mit dem Älterwerden aufzubauen? Nur liegen diese Vorzüge vielleicht gerade nicht im körperlichen Bereich, und es ist eben nicht einfach, einen Anzug zu erfinden, in dem der junge Mensch plötzlich in der Lage ist, das Denken, Fühlen und Handeln eines Menschen mit einem gereiften Gehirn nachzuvollziehen, das Leben eines älteren, erfahrenen Menschen.

Was aber ist mit Reifung eigentlich gemeint? Psychologen unterteilen das Leben des Menschen in drei Reifestadien: Die Geschlechtsreife trifft uns so zwischen dem 13. und 16. Lebensjahr, sie wird bekanntlich auch Pubertät genannt. In dieser Phase findet eine komplette Umstrukturierung des Gehirnes statt, sodass es – wie viele Eltern schmerzhaft erfahren müssen – zeitweise wirkt, als sei es völlig außer Funktion. Doch ich kann alle Eltern beruhigen, zwischen dem 20. und 25. Lebensjahr schaltet es sich meist wieder ein. Denn dann erreichen wir das Stadium der sozialen Reife.

Ich kann mir vorstellen, dass Sie jetzt denken, dass einige Zeitgenossen diesen Zustand eigentlich nie erreicht haben. Gut möglich. Aber nicht unser Thema. Eine Chance zu reifen hat jedenfalls jeder Mensch.

Wenn man vom reifen Menschen spricht, ist jedoch

der Lebensabschnitt nach dem vierzigsten Geburtstag gemeint. Ab diesem Zeitpunkt bildet sich, wenn alles nach Plan läuft, die charakterliche und geistige Reife aus, die wir im Laufe der noch folgenden Lebensjahre ständig verfeinern und verbessern. Etwa nach dem Motto: die Realität trotz eigener Wünsche erkennen, die Leidenschaft zurückfahren und zunehmend nach der Vernunft handeln.

In einem Bild gesprochen könnte man sagen, der Frühling entspricht der Geschlechtsreife, der Sommer der sozialen Reife und der Herbst als Erntezeit dem reifen Leben.

Und der Winter, werden Sie jetzt sicher fragen? Da üben sich selbst die Psychologen in Zurückhaltung. Denn es fällt den meisten schwer, den Winter mit irgendwelchen positiven Aspekten in Verbindung zu bringen. Keiner möchte schließlich wirklich lesen, dass im Winter des Lebens alle Weisheit schließlich »einfriert«, wenn sie nicht schon vorher im Nebel des Novembers abhandengekommen ist. Also lassen wir das auch hier lieber beiseite.

Kümmern wir uns lieber um den wunderschönen Herbst, die Zeit der Reife. Eine Zeit, die trotz der Vorherrschaft der Vernunft immer noch sehr leidenschaftlich sein kann. Es ist eben wie bei einer guten Frucht: Im Herbst ist sie besser bekömmlich und gleichzeitig schmackhafter.

Oder denken Sie an einen guten Wein! Im Gegensatz zum reifen Käse, der ja nicht immer jedermanns Sache ist, wenn er anfängt zu müffeln und zu schimmeln, sind sich beim Wein alle einig. Er wird erst richtig gut, wenn er lange gereift ist.

Junge Weine werden – und auch hier stimmt der Vergleich – oft von fruchtigen Aromen dominiert, sind also oft noch einseitig, aber auf dem richtigen Weg zu einem eigenen Charakter. Die Unausgeglichenheit verliert sich mit der Zeit, und der reife Wein wird – genau wie wir Menschen – komplexer, vielfältiger, weniger einseitig. Viele Weine werden daher oft erst spät entdeckt, werden spät trinkreif, aber schließlich am meisten geschätzt. Ist das vielleicht bei uns ganz genauso?

Ob und wie ein Wein reift, ist individuell sehr unterschiedlich und hängt von vielen Faktoren ab: dem Jahrgang, der Rebsorte, der Lagerbedingung, dem Erntezeitpunkt. Und hier können wir den Vergleich zum Reifeprozess beim Menschen getrost wieder aufnehmen.

Auch bei uns entscheiden Lagerung (wo wir aufwachsen), Wachstumsbedingungen (wie wir aufwachsen), von welcher Sorte wir sind (welche Gene wir haben) und wann wir bereit sind zu ernten (unser bisher gelebtes Leben zu verwerten). All dies entscheidet darüber, wie lecker wir schmecken – also wie sehr andere und wir selbst uns schätzen, mit unserem vollen Bouquet der Weisheit, Reife und Erfahrung.

So stimmt es zwar, dass die geistige Leistungsfähigkeit schon ab dem zwanzigsten Lebensjahr abnehmen kann, aber wissenschaftlich gesehen muss das durchaus nicht bei jedem Menschen auch eintreten. Daten zufolge, die in den USA erhoben wurden, lassen die geistigen Kapazitäten deutlich später nach, wenn der betreffende Mensch einen geistig und körperlich aktiven Lebenswandel hat, was ja auch die oben skizzierten Studien zur Entwicklung von Hirnstrukturen stützt.

Streng genommen bedeutet Weisheit im Alter sowieso mehr als einfach nur Intellekt, oder Intelligenz, oder einfach nur bloßes Wissen. Es ist vielmehr eine Mischung aus Lebenserfahrung, Klugheit, Intuition, Einsicht und innerer Reife. Eine solche Reife spiegelt sich vielleicht auch in den folgenden Aussagen über das Alter:

Viele möchten leben, ohne zu altern,
und sie altern in Wirklichkeit, ohne zu leben.
Wenn du sehr alt werden willst,
musst du rechtzeitig damit beginnen.
Das Alter ist zwar keine Freude,
aber sterben will man trotzdem nicht.

Mag sein, dass es nicht jeder von uns mit seinen Altersweisheiten oder Weisheiten über das Alter auf die Titelblätter der philosophischen Zeitschriften schafft, dass es nicht jedem gelingt, seine Erfahrungen eines langen Lebens in solch kluge Worte zu fassen. Doch potenziell gegeben ist es einem jedem von uns.

Und dann werden diese Weisheiten auch Gehör finden – selbst wenn ich hieran im Falle meiner pubertierenden Töchter manchmal sehr zweifele. Aber wir wissen ja, da muss sich aber auch im Oberstübchen erst einmal einiges ordnen, bevor Papas Weisheit Einzug halten kann. Man könnte umgekehrt natürlich auch behaupten, dass ich wahre Weisheit erst dann erreicht habe, wenn ich in der Lage bin, meinen Töchtern erst einmal richtig zuzuhören, denn: »Der Idealismus der Jugend ermöglicht die Weisheit des Alters.«

Denn dies ist auch ein Aspekt des Erwerbs von Weisheit im Alter. Sie basiert auf den Erfahrungen in der Jugend. Wer in seiner eigenen Jugend nicht viel erlebt und ausprobiert hat, hat wenig Erfahrungen gemacht, die er als Erwachsener nicht so einfach wird nachholen können.

Weisheit als Tugend des Alters, so heißt es, komme nur zu denen, die in ihrer Jugend weder weise noch besonnen waren. Oder wie es der englische Dichter William Blake ausdrückt: »Nur die Straße der Exzesse führt zum Palast der Weisheit!« Aber natürlich nur, wenn man auf dieser vielbefahrenen Straße nicht vorher überfahren wird.

Nur wer viel erlebt hat, kann aus diesen Erfahrungen auch viel lernen. Und dies ist die Basis dafür, die Dinge im Alter objektiver und ruhiger zu beurteilen. Sei es in der Beziehung zum Partner, zu den eigenen Kindern, im Beruf oder im Freundeskreis.

Wenn alles optimal läuft, dann regen wir uns nicht mehr über jede Kleinigkeit auf, wägen ab, nehmen Dinge mit Humor, tun Dinge auch für andere und nicht nur für uns. Wir wissen, dass nicht alle Wünsche in Erfüllung gehen und haben einen erwachsenen Umgang mit Phantasien. Und wir haben gelernt, loszulassen und zu trauern. Reife und Weisheit sind ein innerer Zustand, keine erlernte Technik. Sie kommen auf leisen Sohlen, und meistens merkt man die Reife einem Menschen an.

Wer jetzt denkt, das trifft ganz sicher nicht auf mich zu, dem sei ausdrücklich versichert: Es sind Fähigkeiten, die jedem von uns gegeben sind, auch wenn man vielleicht nicht in allen Lebenssituationen darauf zurückgreifen kann.

Und manchmal zeigt sich reifes Verhalten auch einfach nur in der Tatsache, bestimmte Dinge nicht zu tun oder zu sagen. Eben weil uns das Leben gelehrt hat, dass wir nicht zu allem unseren Senf dazutun müssen.

Ist das nicht ein schöner Ausblick? Das Alter als Weg zur Weisheit zu betrachten, als Weg, der auch beinhaltet, Dinge nicht mehr nur um unser selbst willen zu tun, sondern auch, um andere in ihrem Fortkommen zu unterstützen.

Darin sind sich auch Psychotherapeuten einig: Der Sinn eines langen Lebens besteht darin, die eigene Persönlichkeit zu einer »vollen, runden« Gestalt werden zu lassen. Und damit sind nicht die körperlichen Proportionen gemeint. Das wäre, wie wir inzwischen gelernt haben, schließlich sogar kontraproduktiv.

Das Alter sollte man als Quelle betrachten, aus der man schöpfen kann. Indem man zum Beispiel die Langsamkeit als Einladung zur Muße versteht, sodass das geringere Tempo zur Kraftquelle wird. Dass Loslassen nicht nur eine schmerzliche Erfahrung ist, sondern auch eine Möglichkeit, neue Freiheiten dazuzugewinnen.

Ist Ihnen das zu esoterisch? Ich denke, mit dem Alter kommt tatsächlich ein Lebensabschnitt auf uns zu, den wir uns selber schön gestalten können, wenn wir nur wollen. Ihn einfach nur zu leugnen und starker Mann oder starke Frau zu spielen, ist jedenfalls nicht ausreichend.

So folgern Wissenschaftler von der University of Michigan aus Untersuchungen, dass ältere Menschen zum Beispiel wie geschaffen dafür sind, für Konfliktlösungen zu sorgen – ganz unabhängig von ihrem Bildungsgrad.

Im Unterschied zu jüngeren Menschen zeigt die Generation 60+ demzufolge tatsächlich Eigenschaften, die in der psychologischen Literatur als weise gelten. So besitzen sie zum Beispiel die Fähigkeit, in einem Konflikt verschiedene Blickwinkel einzunehmen oder Kompromisse anzustreben und Verständnis für unterschiedliche Werte und Ansichten zu zeigen. Das spricht dafür, ältere Menschen in Jobs einzusetzen, die mit Vermittlungs- und Verhandlungsaufgaben zu tun haben.

Nicht nur dieses Beispiel zeigt, dass das Alter ungeahnte neue Möglichkeiten bereithält und dass ältere Menschen neue Möglichkeiten für die Gesellschaft eröffnen können. Denn Psychologen wissen, dass die Zukunft der Menschen nicht nur von den Möglichkeiten abhängt, die wir haben, sondern ebenso sehr von der Fähigkeit, diese reif zu gestalten. Und damit sind auch Sie gemeint.

Eigentlich, so Albert Schweizer, der Theologe, Arzt und Philosoph, sollte man zu Jugendlichen anstatt: »Die Wirklichkeit wird schon unter euren Idealen aufräumen«, besser sagen: »Wachset in eure Ideale hinein, dass das Leben sie euch nicht mehr nehmen kann.«

Auch Marc Aurel erkannte im zweiten Jahrhundert nach Christus: »Man wird nicht alt, weil man eine gewisse Anzahl Jahre gelebt hat. Man wird alt, wenn man seine Ideale aufgibt. Die Jahre zeichnen zwar die Haut, Ideale aufgeben aber zeichnet die Seele.«

Toll, aber nun genug der hehren Sprüche. Lassen wir lieber noch einmal die Wissenschaft sprechen, die uns einige weitere Beispiele dafür liefert, welche Vorteile das Alter so mit sich bringt, ganz unabhängig von der Fähigkeit, ob es jemandem gelingt, wirklich reif und weise zu werden.

Hans-Werner Wahl, Gerontopsychologe aus Heidelberg, bestätigt, dass es etliche Fähigkeiten beim Menschen gibt, die sich im Alter durchaus noch verfeinern. Dazu zählt er zum Beispiel die bessere Verfügbarkeit von Faktenwissen. Und tatsächlich, mein Platznachbar Jupp im Stadion des BVB kennt alle Torschützen seiner Mannschaft bis in die sechziger Jahre zurück.

Die Fähigkeit Gefühle zu steuern nimmt im Alter zu, sodass es dem alten Menschen leichter fällt, mit negativen Emotionen wie Ärger, Wut und Enttäuschung umzugehen. Dies bezieht sich auch auf die Fähigkeit zu vergeben. Ein Fehlverhalten anderer wird von Älteren eher toleriert als von jungen Menschen.

Eine Züricher Studie begründet dies mit der Fähigkeit älterer Menschen, sich auf die Gegenwart zu fokussieren und dem Wunsch, in friedlichen Beziehungen mit den Mitmenschen zu leben.

Insgesamt scheint die emotionale Stabilität im Alter zuzunehmen. Dies belegt auch eine Studie der Universität Berkley. Der Psychologe Robert Levenson fand heraus, dass sich sowohl die kognitiven Fähigkeiten als auch die emotionale Intelligenz jenseits der sechzig verbessern, was im Beruf und in persönlichen Beziehungen manchen Vorteil mit sich bringt. »Die Evolution«, so Levenson, »scheint unser Nervensystem so abgestimmt zu haben, dass es für diese Art von zwischenmenschlichem und mitfühlendem Verhalten optimal ist, wenn wir ins Alter kommen.«

So gelingt es den über Sechzigjährigen, auch aus sehr emotionalen Situationen durch ihre Lebenserfahrungen etwas Positives zu ziehen. Auch mit Trauer gehen wir im Alter anders um. Da wir im höheren Lebensalter zwangsläufig häufiger mit Verlusten konfrontiert sind, ist Trauer im Alter eine häufiger durchlebte Emotion. Alte Menschen zeigen diese Trauer nicht nur offener, sie schreiben ihr auch positive Seiten bei der Bewältigung von Verlusten zu. So können sie außerdem von Verlust betroffene Personen besser unterstützen, da sie sich besser in die Situation hineinversetzen können.

Da geht's lang – Warum wir im Alter klarer denken

In einer groß angelegten Befragung von Menschen in Deutschland stellte sich heraus, dass mehr als achtzig Prozent der über Fünfzigjährigen endlich wissen, wo sie hinwollen und was sie nicht wollen. Statt Hektik und Überforderung herrschen nun endlich Klarheit und Routine. Denn Routinen setzen eine Geschicklichkeit voraus, die sich erst durch häufiges Tun und Üben einstellt – durch Lebenserfahrung also.

Forscher vermuten, dass die linke Gehirnhälfte für Routinen zuständig ist. Die rechte Gehirnhälfte dagegen verarbeitet unerwartete Reize. Das können Sie selbst beobachten. Meist nehmen Rechtshänder bei überraschenden Ereignissen die linke Hand hoch.

Um die riesige Informationsmenge, die auf uns einströmt, überhaupt verarbeiten zu können, greift der Organismus auf die sogenannte »unbewusste« Verarbeitung zurück. Das kennen Sie auch, denn sicher machen auch Sie häufig Dinge, ohne sie noch wirklich bewusst wahrzunehmen. So fahre ich oftmals meine tägliche Strecke zur Arbeit und frage mich hinterher, wie ich überhaupt angekommen bin. Ich bin die ganze Zeit über in Gedanken, dennoch komme ich an.

Neurobiologisch gesehen nimmt der Mensch etwa hundert Millionen Reize pro Sekunde auf, von denen nur etwa sieben Reize pro Sekunde bewusst verarbeitet werden können. Gerade in der zweiten Hälfte des Lebens können wir aus der Vielfalt der Informationen die richtigen und wesentlichen Stimuli herausfiltern und so aus unserem Erfahrungsschatz effizient schöpfen. Erfahrungen und Routinen helfen uns dabei, besser zu selektieren und abzuwägen, und sie machen diesen Vorgang auch weitaus weniger anstrengend.

Routine an sich ist also nichts Schlechtes, sie vermittelt Stabilität und Sicherheit und garantiert eine hohe Arbeitsqualität. Doch sobald Routinen in Langeweile und Eintönigkeit münden, ist es ebenso wesentlich, wieder für neue Reize offen zu sein. Der Mensch braucht beides: Routine und den Einfluss neuer Reize.

In der zweiten Lebenshälfte denken wir auch gründlicher nach. Die Jugend beschreibt dieses Phänomen oft als »langsam«, was zeitlich gesehen stimmen mag. Diese Entwicklung ist aber überaus sinnvoll.

Der Hirnforscher Ernst Pöppel fand heraus, dass das »gereifte« Gehirn präziser und gründlicher wird, weil es »langsamer oszilliert«. Denn grundsätzlich laufen alle

Denk- und Wahrnehmungsprozesse in zeitlichen Sprüngen von etwa dreißig Millisekunden, die durch Schwingungen oder Oszillationen in den neuronalen Strukturen hervorgerufen werden. Bei reiferen Gehirnen können diese Schwingungen schon einmal fünfzig bis sechzig Millisekunden ausmachen. In diesem Zeitraum werden Informationen gesammelt und analysiert. Mit dem Älterwerden werden die Oszillationen etwas länger, allerdings werden in diesem Zeitraum auch mehr Informationen verarbeitet und »bedacht«. Durch diese größere Anzahl von Informationen pro Zeiteinheit kann der Denkprozess eine viel höhere Komplexität erreichen.

Eine Studie des Max-Plack-Instituts für Bildungsforschung zeigte, dass über Sechzigjährige zwar geringere Lernerfolge zeigen als Zwanzigjährige, das sogenannte »Arbeitsgedächtnis«, das heißt, mehrere Dinge gleichzeitig im Kopf zu haben und diese sinnvoll miteinander zu verknüpfen, war jedoch bei den älteren Personen mindestens gleich gut ausgeprägt.

Ein Training der Gehirnfunktion zeigte bei den Senioren den Aufbau völlig neuer Nervenverbindungen. Schon als junger Mensch kann man sich davon eine Reserve anlegen. Denn je mehr Nervenverbindungen zur Verfügung stehen, desto länger kann man von ihnen zehren.

Ausruhen sollte man sich darauf jedoch nicht. Ohne Fleiß auch hier kein Preis!

Menschen ab fünfzig nutzen gerade bei der Lösung komplexer Fragen zunehmend nicht nur eine Gehirnhälfte, wie es jüngere Menschen tun, sondern beide. In der Forschungsliteratur wird dies »Bilateralisation« genannt. Sie ermöglicht es uns, Wesentliches von Unwesentlichem zu unterscheiden.

Ältere Menschen erkennen deswegen Sachverhalte oft viel klarer als junge, da sie wissen, wie sie eine Situation zu bewerten haben. Das gilt nicht nur beim Metzger, wo die Vielfalt der Salami und Wurstprodukte uns oft an den Rand der Entscheidungsfähigkeit bringt. Es gilt insbesondere auch dann, wenn Stress droht. Dann werden wir Älteren eine Entscheidung viel lässiger treffen können. Und das Gute ist – meist ist sie auch richtig.

So ein Glück – Warum wir im Alter glücklicher sind

Auch das Glücksempfinden hat normalerweise im Alter seinen absoluten Höhepunkt erreicht. In seiner Glücksstudie, basierend auf den vier Gs Gesundheit, Geselligkeit, Geld und Genetik, kommt Bernd Raffelhüschen zu der Erkenntnis, dass die glücklichsten Männer und Frauen zwar zwischen zwanzig und dreißig Jahre alt sind, die über 65-Jährigen aber im Schnitt wieder annähernd dieselben Werte erreichen. Am glücklichsten sind diejenigen, welche verwitwet waren und einen neuen Partner gefunden haben.

Insgesamt ist dieses Ergebnis recht erstaunlich, bedenkt man, dass viele Ältere bereits etliche Verluste und schlechtere Lebensumstände erlebt haben. Dennoch verbessert sich nach einer Längsschnittstudie über 23 Jahre die emotionale Gesundheit mit dem Alter signifikant. Forscher der University of California interpretieren die Befunde so, dass sich ältere Menschen bewusst sind, dass die verbleibende Lebenszeit begrenzt ist. Sie versuchen, das Beste aus ihrem Leben zu machen und vermeiden Situationen, die unglücklich machen könnten. So ist es auch nachvollziehbar, dass sich die psychische Verfassung im Alter verbessert. Alle psychischen Erkrankungen, die nicht mit Demenz zusammenhängen, sind in jüngeren Altersgruppen weiter verbreitet, so die Forscher.

Die Glückskurve ist ein U mit dem Tiefpunkt um die vierzig. Das erkannten auch Forscher der University of Warwick. Denn es scheint unerheblich zu sein, welches Geschlecht, ob reich oder arm, ob verheiratet oder alleine und ob in Albanien, Deutschland oder Zimbabwe: Mit Anfang vierzig ist der Tiefpunkt des Glücks erreicht. Wirtschaftswissenschaftler vermuten, dass gerade in dieser Zeit viele Lebensträume begraben werden müssen, die dann ab fünfzig wieder neuen Zielen weichen.

Auch die »Berliner Altersstudie« gewährt in dieser Hinsicht interessante Einblicke. Denn die gesundheitliche und sozioökonomische Lage der »jungen Alten« ist weit besser als angenommen. Das Klischee von den armen, kranken, einsamen Alten wurde widerlegt: Nur drei Prozent der Alten leben unter der Armutsgrenze, weniger als zehn Prozent in Heimen. Psychische Störungen wie Depressionen haben Ältere nicht häufiger als Jüngere. Und diese fitten Alten scheinen sehr anpassungsfähig zu sein, denn trotz auftretender Krankheiten fühlen sich zwei Drittel subjektiv zufrieden mit ihrem Leben.

Wir Alten leben heute also nicht nur länger, wir bleiben auch länger jung, können weise und erfahren sein, sind meist glücklich und mit stabilen Emotionen ausgestattet. Wenn das alles keine Argumente für die noch Fünfzigjährigen sind, sich auf das Alter zu freuen!

Und da uns das alles nicht in den Schoß fällt, sondern wir aufgefordert sind, aktiv daran mitzuwirken, möchte ich Ihnen an dieser Stelle noch eine kleine Argumentationshilfe mit auf den Weg geben. Wenn demnächst der Arbeitskollege wieder an Ihnen und an allem herumnörgelt, dann sagen Sie ihm doch einfach, dass es einen großen Unterschied macht, ob wir als Optimisten oder als Pessimisten dem Alter entgegengehen.

Tipp:

Optimismus verlängert das Leben. In einer Längsschnittuntersuchung in Spanien stellte sich heraus, dass, wer sich selbst akzeptiert, im Großen und Ganzen zufrieden mit sich ist, und dass vor allem derjenige, der akzeptiert, was ohnehin nicht zu ändern ist, auch eine höhere Lebenserwartung hat. Eine optimistische Grundhaltung sei gesünder und verlängere das Leben. Das gilt auch für die Gereiften unter uns.

Niederländische Wissenschaftler befragten tausend Männer und Frauen im Alter zwischen 65 und 80 Jahren nach ihrer Lebenseinstellung. Nach neun Jahren waren 400 von ihnen gestorben, unter den Verstorbenen gab es dabei fast um die Hälfte weniger Optimisten als Pessimisten.

Auch US-Wissenschaftler fanden ähnlich spektakuläre Zahlen. In Oxford/Ohio leben »Positive« im Schnitt 7,5 Jahre länger als »Negative«. Den Grund für die längere Lebensdauer erklärten die Wissenschaftler wie folgt: Optimisten seien häufiger körperlich aktiv, gingen effektiver mit Stress um, konnten sich auf Neues besser einstellen und probierten mehr aus. Auch finden die Optis mehr soziale Zuwendung aufgrund ihrer offeneren Art. Also dann: Don't worry, be happy!

Kapitel 6

Laufen Sie dem Alter davon –
Wie Sie mit Lauftraining Ihr Leben verlängern

Laufen können Sie so lange Sie wollen, so oft Sie wollen und vor allem auch wann Sie wollen. Laufen bietet sich als unkomplizierte Sportart einfach an, es braucht nicht viel Vorbereitung, kann zu jeder Tageszeit praktiziert werden, sodass Sie sich Ihren Tag flexibel einteilen und sich an wechselnde Wetterbedingungen anpassen können. Und selbst wenn Sie noch nie einen Gedanken ans Laufen verschwendet haben sollten, Sie können jederzeit damit beginnen und es ganz langsam und gemütlich angehen.

Egal ob der kurze Spaziergang um den Block, der kurze Weg zum Arzt oder zum Bäcker, jeder scheinbar noch so geringe Bewegungsreiz summiert sich auf und kann bereits kleine Wunder in Ihrem Organismus bewirken. Und es ist nie zu spät, damit anzufangen.

Dass unsere Muskulatur bis ins hohe Alter leistungsfähig bleibt, wenn wir unseren Körper nur fordern und fördern, zeigt sich an manchem Profisportler:

George Foreman zum Beispiel wurde mit 45 Jahren der älteste Schwergewichtsweltmeister aller Zeiten, und Martina Navratilova gewann mit 46 Jahren ihren 58. Grand-Slam-Titel.

Weltrekorde

50+
Leichtathletik Männer
400 Meter, 52,96 sec., Stephen Peters (GBR)

50+
Leichtathletik Frauen
400 Meter, 1:08,74, Hiltscher, Ulrike (GER)

70+
Leichtathletik Frauen
100 Meter, 18.9 sec., Edith Mendyka (70)
10 000 Meter, 1:00:01 h, Bess James (71)
Marathon, 4:37:37, Mavis Lindgren (72)

Leichtathletik Männer
100 Meter, 23.5 sec., Charles Backus (85)
10 000 Meter, 48:54 h, Paul Spangler (78)
Marathon, 3:52:50 h, Arthur Lambert (78)

In vielen Lehrbüchern hat sich diese Erkenntnis allerdings noch nicht durchgesetzt, sodass man immer wieder auf Aussagen stößt, mit denen uns eingeredet werden soll, dass wir mit zunehmendem Alter immer schwächer und kränker werden. Das aber ist definitiv falsch, denn Muskeln besitzen keine biologische Uhr. Sie können selbst im fortgeschrittenen Alter trainiert werden und sind auch dann noch in der Lage, ihre Leistungsfähigkeit zu steigern.

Natürlich ist gegen das Alter selbst kein Kraut gewachsen, doch älter werden heißt nicht zwangsläufig, dass mit den Jahren auch die Muskeln schwinden müssen. Zahlreiche wissenschaftliche Studien belegen die Effektivität von Krafttraining gegen Muskelverlust. Eine Studie unserer Universität konnte zeigen, dass sich selbst untrainierte Muskeln in zwölf Monaten mehr als verdoppeln können. Wenn das nicht gute Aussichten sind!

Doch keine Sorge, Sie müssen nicht zum Bodybuilder werden. Vielmehr geht es darum, Ihrem Körper (wieder) ein stützendes und tragendes Muskelkorsett zu verschaffen, indem die Fettdepots in den Muskeln von neu aufgebauten Muskelfasern verdrängt werden.

Dass Sie damit gleichzeitig den Stoffwechsel aktivieren und Ihren Organismus gegen die gefürchteten Prozesse des Alterns und damit gegen viele Krankheiten schützen, können Sie dabei als kleines Extra betrachten.

Natürlich ist das Altern ein biologischer Prozess, der früher oder später auch zu messbaren Leistungsverlusten führt. Diese variieren aber von Person zu Person stark und können erheblich von Ihnen selbst beeinflusst werden. Den Zeitpunkt des Leistungsverlustes bestimmen Sie somit selbst. Wer nichts dagegen tut, wird eben früher alt!

Die zahlreichen älteren Ausdauersportler sind das beste Beispiel dafür, wie man durch regelmäßiges Training und einen gesunden Lebensstil seine Gesundheit und Leistungsfähigkeit bis ins hohe Alter aufrechterhalten kann.

Das bestätigt auch eine Langzeituntersuchung über 24 Jahre von der Stanford University aus dem Jahre 2008. Hierbei wurden 538 Jogger, die zu Beginn der Studie alle bereits fünfzig Jahre und älter waren, mit einer Gruppe von Personen desselben Alters verglichen, die nicht regelmäßig liefen. Obwohl alle Teilnehmer zu Beginn der Studie etwa gleich viele körperliche Beschwerden aufwiesen, traten dann bei den aktiven Läufern die altersbedingten Probleme im Durchschnitt erst 16 Jahre später auf als bei denjenigen, die nur unregelmäßig liefen. Darüber hinaus waren in der Gruppe der Nichtläufer nach 19 Jahren bereits 34 Prozent der Teilnehmer verstorben, bei den Läufern dagegen lediglich 15 Prozent.

Den Forschern zufolge achteten die Läufer generell mehr auf ihre Gesundheit. Die positive Wirkung des Joggens beeindruckte selbst die Forscher, denn die aktiven Läufer blieben nicht nur länger fit und beschwerdefrei, sondern sie verstarben auch seltener frühzeitig. Sechs bis acht Jahre längere Lebenszeit können dabei durchaus herausspringen. Und dazu war nicht einmal ein besonders intensives Training notwendig. Zu Beginn der Studie lag der durchschnittliche Trainingsaufwand bei den Joggern gerade einmal bei vier Stunden Lauftraining pro Woche. Mit stolzen siebzig oder sogar achtzig Jahren am Studienende liefen viele von ihnen noch etwa 76 Minuten wöchentlich.

Und was vielleicht am meisten verblüffte, die Stanford-Wissenschaftler konnten ganz nebenbei noch eine Befürchtung aus den Anfangszeiten des Joggingbooms widerlegen: Ältere Läufer scheinen auch nicht häufiger als der inaktive Durchschnitt der Bevölkerung unter orthopädischen Erkrankungen wie Arthrose zu leiden und sind daher auch nicht öfter auf künstliche Kniegelenke als andere Personen angewiesen. Laufen hat also nur Vorteile.

Eine weitere Studie, die 2009 unter der Leitung von Christian Werner vom Universitätsklinikum des Saarlandes in Homburg/Saar den Becht-Forschungspreis 2009 der Deutschen Stiftung für Herzforschung erhielt, belegte außerdem, dass ein länger betriebenes, regelmäßiges Ausdauertraining den Alterungsprozess der Zellen unseres Blutgefäßsystems verlangsamt. Werner konnte nicht nur experimentell, sondern auch anhand einer Untersuchung mit sportlich Aktiven und Nicht-Aktiven unterschiedlichen Alters erstmals nachweisen, dass durch Ausdauertraining eine Aktivierung des Enzyms Telomerase in den Blutzellen stattfindet. Die Chromosomen scheinen bereits bei jungen Sportlern durch Telomere und das Enzym Telomerase geschützt zu werden. Dieser Effekt bleibt bis in höhere Lebensalter bestehen. Im Gegensatz zu älteren Sportlern fanden die Wissenschaftler bei Nicht-Sportlern deutlich verkürzte Telomere, was auf eine schnellere Zellalterung hindeutet. Die Telomer-Länge bei den älteren Aktiven war hingegen messbar weniger verkürzt, sie wirkte wie »konserviert«.

Diese Forschungsergebnisse an jungen und älteren Sportlern sowie an unsportlichen Kontrollpersonen belegen erneut, dass auch auf molekularer Ebene Ausdauersport weitaus mehr Vorteile für unser Herz-Kreislauf-

System mit sich bringt als bisher angenommen. Diese Erkenntnisse sind im Hinblick auf die Vorbeugung von zahlreichen Herz-Kreislauf-Erkrankungen hochrelevant, da zunehmendes Lebensalter als Hauptrisikofaktor für deren Entstehung anzusehen ist.

Den Druck reduzieren –
Warum Bewegung gegen Bluthochdruck hilft

Und da wir schon über Herz-Kreislauf-Erkrankungen sprechen, ist es nur ein kleiner Schritt zum leidigen Thema Bluthochdruck (Hypertonie). Er zählt zu den häufigsten unserer Volkskrankheiten. Und berücksichtigt man die mit Bluthochdruck im Zusammenhang stehenden Folgeschäden wie Schlaganfall und koronare Herzerkrankungen, wird die arterielle Hypertonie zur Haupttodesursache in den Industrieländern.

In Deutschland haben zwanzig bis vierzig Prozent der Menschen Bluthochdruck, sodass man von 16 bis 30 Millionen Betroffenen ausgehen kann – ohne dabei all die Menschen mit einbezogen zu haben, die noch gar nicht wissen, dass sie an Bluthochdruck leiden und sich erst bei bereits eingetretenen Folgeerkrankungen ärztlich behandeln lassen. Denn jeder dritte Hypertoniker wird gar nicht erst erkannt!

Die Blutdruckwerte des Menschen werden beeinflusst durch das Herzzeitvolumen (HZV) und dem peripheren arteriellen Gefäßwiderstand (TPR), der den Widerstand beschreibt, den die Arterien durch Anspannung und Lockerung des Gefäßvolumens regulieren. Die »angespannte« Phase nennen wir »Systole« (= oberer Wert des Blutdrucks) und die »gelockerte« Phase »Diastole« (= unterer Wert des Blutdrucks).

Ist der Blutdruck erst einmal chronisch, bedingt dies auch ein Bündel von Risikofaktoren, zu denen unter anderem eine gestörte Funktion des Endothels (der Struktur der inneren Gefäßwände) sowie gehäufte Glukose- und Fettstoffwechselstörungen gehören.

Die Grenzwerte der Hypertonie orientieren sich an dem Messwert, bei dessen Überschreitung ein verstärktes Herz-Kreislauf-Risiko angenommen wird. So diagnostiziert man eine arterielle Hypertonie ab einem Blutdruckwert von 140 mmHg systolisch und 90 mmHg diastolisch, wobei allerdings mehrmalige, unter gleichen Bedingungen durchzuführende Blutdruckmessungen notwendig sind. Der ideale Wert liegt bei 120 zu 80 mmHg.

Sowohl der systolische als auch der diastolische Wert können dabei entweder (stabil) oder zeitweise (labil) erhöht sein. Bleibt der Bluthochdruck über längere Zeit unbehandelt oder unerkannt, kann sich leicht eine chronische Hypertonieform entwickeln, die es unbedingt zu vermeiden gilt.

Was aber kann man selbst dazu beitragen, dies zu verhindert, ohne direkt auf Medikamente angewiesen zu sein? Sie ahnen es bereits, die »Wunderwaffe« heißt auch hier: körperliche Betätigung!

Dies zeigt sich vor allem bei den relativ leichten Bluthochdruckformen der Grade I und II, also bei Blutdruckwerten von 140 bis zu 180 mmHg. Bei Werten über 180 zu 105 bis 114 mmHg dagegen darf Sport nicht mehr ohne Weiteres ausgeübt werden, es sei denn es erfolgt eine vorherige oder begleitende Medikation, die die Werte auf einen »Normalwert« absenkt. Leiden Sie an einer solch schweren Hypertonie mit Werten über 180 zu 115 mmHg, sollten Sie also auf keinen Fall auf eigene Faust handeln und ohne vorherigen Arztbesuch die Laufschuhe schnüren. Die richtige Einstellung der Medikamente ist dann unabdingbare Voraussetzung für eine aktivere Freizeitgestaltung!

Auch wenn sich das Training bei jedem anders auswirkt, so ist es doch möglich, durch mäßiges, richtig dosiertes Ausdauertraining die Blutdruckwerte um etwa 5 bis 10 mmHg zu senken, wie Ulf Landmesser vom Universitätsspital Zürich in der aktuellen Ausgabe (1/2011) der Zeitschrift der Deutschen Herzstiftung darstellt.

Als ideales Bewegungspensum gelten drei bis fünf Sporteinheiten pro Woche von jeweils einer halben Stunde Dauer. Was die dauerhafte Blutdruckregulierung anbelangt, so haben sich Ausdauersportarten mit moderatem Tempo als besonders effektiv erwiesen, sodass Ihnen hier eine breite Palette an Möglichkeiten offen steht. Nordic Walking, Laufen, Schwimmen, Inline-Skating, Fahrradfahren, Wandern, Skilanglauf – alle diese Sportarten sind wunderbar geeignet.

Sollten Sie bisher jedoch keinen Sport getrieben haben, ist der Gang zum Hausarzt zunächst unerlässlich. Dieser kann mithilfe eines Belastungstests auf dem Fahrrad-Ergometer oder Laufband Ihre derzeitige Belastbarkeit überprüfen und herausfinden, wie Ihr Blutdruck auf körperliche Anstrengung reagiert. Daraus lassen sich wichtige Trainingsparameter wie etwa Ihr optimaler Trainingspuls und das entsprechende Trainingspensum bestimmen. Das Wichtigste aber ist: Jede Art der Bewegung ist besser als keine Bewegung!

Das können zu Beginn auch einfach zügiges Spazierengehen oder andere Bewegungsformen sein, die sich gut in den Alltag einbauen lassen. Weiter unten finden Sie dazu einige Vorschläge.

Denn Bewegung wirkt sich nicht nur positiv auf den Blutdruck aus, sondern sie sorgt auch dafür, dass Ihre Blutgefäße elastisch bleiben und der Blutfluss optimiert wird. Mit zunehmender Ausdauerleistung sinken dann auch unser Belastungs- und Ruhepuls. Wir können also besser regenerieren und unser Herz, das dann besser gekräftigt ist, benötigt weniger Schläge für die gleiche Leistung. So können Sie in einigen wenigen Jahren so viele Herzschläge sparen, dass Sie ein Jahr gewinnen. Das ist nicht viel anders als bei einem Auto. Eine geringere Drehzahl verlängert die Lebenszeit des Motors. Starke Herzen laufen dann wie ein langlebiger Dieselmotor. Es schlägt und schlägt und schlägt …

Kleine Rechenaufgabe:
Das Herz schlägt 37 Millionen mal pro Jahr. Wenn Sie Ihren Puls durch eine verbesserte Herzarbeit pro Minute um zwanzig Schläge von siebzig auf fünfzig senken, wie viele Schläge sparen Sie pro Jahr? Und nach wie vielen Jahren haben Sie ein Jahr Herzarbeit eingespart?

Das Herz eines Menschen schlägt im Durchschnitt etwa vier Milliarden Mal.

Vergleicht man die menschliche Herzfrequenz mit der anderer Lebewesen, wird deutlich, dass das Herz umso seltener schlagen muss, je größer es ist, je größer der »Hubraum«, desto seltener muss das Herz schlagen:
Im Vergleich:
Spitzmaus: 500–1200 HF/Min.
Blauwal: 18–20 HF/Min.
Elefant: 22 HF/Min.
Suppenschildkröte: wenige Schläge pro Stunde und kann so fünf Stunden tauchen.

Der Mensch ist so jung wie seine Gefäße –
Wie Sie Gefäßerkrankungen im Alter verhindern

Eine weitere positive Nebenwirkung von viel Bewegung ist die Verbesserung und Gesunderhaltung unseres Fettstoffwechsels und damit vor allem der Vermehrung des »guten« Cholesterins im Blut. Denn Fettstoffwechselstörungen können, sofern sie lange Zeit unbehandelt bleiben, massiv zur Entstehung einer Arteriosklerose und somit zu Gefäßschädigungen beitragen.

Fettstoffwechselstörungen, auch Hypercholesterinämie genannt, bewirken, dass sich die Konzentration an Fetten (Lipiden) im Blutplasma erhöht, sodass es zu einer Hyperlipoproteinämie und/oder einer fehlerhaften Zusammensetzung von Lipiden (Dyslipoproteinämie) kommt. Bei den meisten liegt eine Kombination von Dys- und Hyperlipoproteinämie vor. Eine für uns bedeutsame Einteilung von Fettstoffwechselstörungen wird somit nach der Höhe der Triglyzerid- und Cholesterinwerte vorgenommen, wobei die absolute Höhe aller Blutfette im Serum mit zu berücksichtigen ist.

Eigentlich sind Cholesterin und Triglyzeride – ganz anders als der negative Ruf, der ihnen inzwischen vorauseilt, es vermuten lässt – wichtige Komponenten unseres Stoffwechsels und darüber hinaus ein wesentlicher Bestandteil der Zellmembranen, wo sie der Zellwand Schutz von innen bietet. Daneben ist Cholesterin ein wichtiger Bestandteil bei der Bildung von (Sexual-)Hormonen und Gallensäuren. Triglyzeride sind Energiespeicher und werden auch als Neutralfette bezeichnet. Beide werden entweder mit der Nahrung aufgenommen oder aus Vorgängersubstanzen vom Körper selbst gebildet.

Im Blut können sowohl das Cholesterin als auch die Triglyzeride nur transportiert werden, wenn sie sich mit den sogenannten Lipoproteinen verbinden. Die Lipoproteine dienen also als »Transportvehikel« für wasserunlösliche (lipophile) Substanzen wie zum Beispiel Cholesterin und Fettsäuren sowie fettlösliche Vitamine, etwa Vitamin E und Vitamin A. Lipoproteine werden wiederum nach ihrer Dichte in High-, Low- und Very-low-density-Lipoproteine (HDL, LDL, VLDL) eingeteilt.

LDL binden recht viel Cholesterin an sich und werden deswegen auch als »schlechtes« Cholesterin bezeichnet, weil sie die Entwicklung der Arteriosklerose begünstigen. Dagegen ist HDL ein Lipoprotein mit hoher Dichte und wird sowohl im Dünndarm als auch in der Leber hergestellt. Es enthält weniger als ein Prozent Triglyzeride und transportiert Cholesterin aus den Körpergeweben zur Leber zurück, wo es dann teilweise direkt über die Galle ausgeschieden oder auch zu Gallensäure umgebaut wird. Dem HDL kommt hinsichtlich arteriosklerotischer Erkrankungen im Gegensatz zum LDL eine schützende Bedeutung zu, und daher wird es auch als »gutes Cholesterin« betrachtet.

HDL verbessert also unsere Gefäßfunktion und wirkt entzündungshemmend, sodass es dem LDL durch Entzug von Cholesterin aus dem Gewebe sowie den arterioskerosegefährdeten Arterienwänden entgegenwirkt und so auch unser Herz schützen kann.

Die Ursachen für die Entwicklung hoher Blutfettwerte sind jedoch vielfältig. Hierzu zählen die genetische Veranlagung, die Ernährung, die körperliche Aktivität, das Alter sowie unser Geschlecht.

Sechzig bis siebzig Prozent des Cholesterinspiegels sind genetisch angelegt. Anders als der Triglyzeridspiegel, der vorrangig durch die Menge des Triglyzerid-Anteils in unserer aufgenommenen Nahrung beeinflusst wird, ist für den Cholesterinspiegel neben der aufgenommenen Cholesterinmenge mit der Nahrung auch die Qualität unserer verzehrten Lebensmittel von großer Bedeutung. Fette in der Nahrung müssen also kontrolliert werden!

Das Cholesterin im Blutplasma nimmt im Alter durch die Zunahme des LDLs zu. Der (altersbedingte) Cholesterinanstieg des LDLs ist bei Frauen generell deutlicher ausgeprägt, jedoch fällt dafür der HDL-Spiegel bei Männern um ungefähr 10 mg/dl geringer aus als bei Frauen, sodass

Männer einen höheren Gesamtcholesterinspiegel aufweisen.

Mehr als zwei Drittel der Erwachsenen haben einen Cholesterinwert von über 200 mg/dl bzw. 5,2 mmol/l. In Deutschland lassen sich je nach Definition bei nahezu jedem dritten Erwachsenen Fettstoffwechselstörungen feststellen. Ob dies allerdings behandlungsbedürftig ist, bleibt angesichts der derzeitigen Forschungslage unklar. Oft werden viel zu früh Medikamente verschrieben, die vielleicht noch nicht einmal einen Effekt haben. Viel besser zur Behandlung geeignet scheint eine Umstellung des Lebensstils zu sein! Mit einer Umstellung Ihrer Ernährung hin zu einer vollwertigen, abwechslungsreichen Mischkost mit wenigen einfach gesättigten Fettsäuren (wie sie zum Beispiel in Wurst und Fleisch vorkommen) und einem Mehr an Bewegung werden langfristig nicht nur Ihre Pfunde purzeln, sondern auch Ihre Fettstoffwechselparameter erheblich profitieren. Das sollten Sie unbedingt probieren, bevor Sie Medikamente nehmen, die ungewollte Nebenwirkungen aufweisen können.

In einer Studie ließ sich feststellen, dass 15 bis 20 Meilen (ca. 24 bis 32 km) intensives Walking oder Jogging innerhalb von einer Woche den Triglyzeridspiegel um 5 bis 38 mg/dl bei gleichzeitigem Anstieg des HDL-Cholesterins um 2 bis 8 mg/dl reduzieren kann. Aber Achtung: Fällt das Gewicht zu schnell (> 2 kg/Monat), sinkt auch der Anteil an gutem HDL-Cholesterin!

Die Umstellung ihres Stoffwechsels ist an kein Alter gebunden, und der Einstieg in ein regelmäßiges Training ist in jedem Alter lohnenswert. Selbst wenn man sich erst in späten Jahren für Bewegung oder eine bestimmte Sportart begeistern kann, werden schnell Fortschritte eintreten. Und das gilt – es ist kaum zu glauben – besonders für das hohe Alter.

Also sollte sich niemand vor körperlicher Aktivität scheuen, denn jeder kann dadurch einiges für seine Gesundheit tun. Und es muss ja nicht zwangsläufig reines Laufen sein. Sprechen Sie einfach mit Ihrem Hausarzt darüber, um individuelle Besonderheiten ansprechen zu können, bisher unbekannte Erkrankungen auszuschließen sowie eine angemessene Belastung und eine Sportart ganz für Sie persönlich zu finden.

Tipp:

Für einen richtigen Einstieg ins Lauftraining sollten Sie generell folgende Hinweise beherzigen:

Beginnen Sie mit kurzen Trainingseinheiten von ein bis zwei Minuten Dauer, und legen Sie dann eine (Geh-) Pause ein – die Gesamtdauer braucht dabei anfänglich auch nicht mehr als etwa eine Viertelstunde zu betragen. Steigern Sie den Trainingsumfang dann ganz langsam im Verlauf von mehreren Wochen auf bis zu 30 Minuten.

Obwohl eine Pulsuhr für das Ausdauertraining kein Muss ist, lässt sich die Belastung dadurch jedoch genauer steuern, und Trainingsfortschritte lassen sich schneller erkennen. Unabhängig davon, ob Sie mit oder ohne Pulsuhr trainieren möchten, lautet die wichtigste Regel immer: laufen (radeln, schwimmen, etc.) ohne zu schnaufen! Sie sollten sich während der Belastung also immer unterhalten können, denn so gewährleisten Sie nicht nur, dass Ihre Muskeln genügend Sauerstoff erhalten und Sie damit Fette zur Energieverbrennung nutzen, sondern Sie sorgen auch dafür, dass Sie eine längere Strecke ohne Leistungseinbußen zurücklegen können.

Erst wenn Sie sich richtig fit und fast schon »unterfordert« fühlen, sollten Sie Ihre Strecke verlängern und dann auch Gelände- und moderate Tempowechsel einbauen. Die Einbeziehung von intensiveren Intervallen trägt langfristig dazu bei, dass Ihr Organismus schneller und reibungsloser zwischen einer Verbrennung der Energieträger Kohlenhydrate und Fette hin- und herschalten kann. Leiden Sie allerdings an Herzproblemen, sollten Sie beim moderaten Tempo bleiben und lediglich die Trainingsdauer nach und nach erhöhen.

Tipp:

Für alle Personen, die sich gar nicht zu einem »systematischen körperlichen Training« hinreißen lassen können, kann auch ein aktiverer Alltag das Wohlbefinden erheblich steigern und das physische Altern drastisch verlangsamen. Gestalten Sie Ihren Alltag aktiver, nehmen Sie die Treppe statt des Fahrstuhls, lassen Sie das Auto einmal stehen, und gehen Sie zu Fuß. Denn all diese kleinen körperlichen Betätigungen im Alltag tragen dazu bei, Ihre Gesundheit zu verbessern.

Wussten Sie beispielsweise, dass alleine unsere beiden kleinen »Spielzeuge« Handy und Fernbedienungen von Musikanlagen, Fernseher oder Lichtanlagen uns tagtäglich eine Wegstrecke von 400 Metern ersparen? Das wäre auch nicht weiter tragisch, wenn es dafür einen entsprechenden Ausgleich gäbe. Sucht man sich diesen Ausgleich allerdings nicht, sorgen alleine diese beiden Utensilien für ein halbes Kilo Körpergewicht mehr pro Jahr auf unseren Rippen, haben Wissenschaftler errechnet.

Nutzen Sie also all die kleinen Bewegungseinheiten, die kleinen Aktivitäten zwischendurch, um nicht nur abends von der Couch hochzukommen. Ihr Körper wird es Ihnen danken. So rät beispielsweise das Robert-Koch-Institut in Übereinstimmung mit den internationalen Empfehlungen des American College of Sports Medicine, dass man sich pro Tag mindestens 30 Minuten bei moderater Intensität bewegen sollte. Dabei sollte eine Bewegungsperiode mindestens 10 Minuten am Stück betragen, sodass man sich täglich mindestens 3 x 10 Minuten bewegt.

Bereits diese Mindestzeiten können einen positiven Einfluss auf den Stoffwechsel und das Herz-Kreislauf-System haben. Und dennoch ist es natürlich nicht unwesentlich, was Sie in den restlichen 15 ½ Stunden Ihres Tages machen. So verbraucht beispielsweise allein das Stehen doppelt so viele Kalorien wie das Sitzen, denn unsere Rumpf- und Beinmuskulatur muss Arbeit verrichten, um unser Körpergewicht aufrecht zu halten, wobei große Muskelgruppen aktiviert werden. Also denken Sie vielleicht an diese Worte, wenn Sie es sich das nächste Mal während des Telefonierens oder während Wartezeiten auf einem Stuhl »gemütlich machen«.

Marc Hamilton von der Missouri Columbia Univer-sity bestätigte, dass gerade Zeiten langer Inaktivität wie das Sitzen einen negativen Einfluss auf den Fett-stoffwechsel haben und Krankheiten sowie eine frü-here Mortalität provozieren können. Die Arbeitsgruppe um Hamilton stellte bei Studien an Mäusen und Rat-ten fest, dass sich während langer Ruhezeiten ein En-zym für den Fettstoffwechsel in unseren Muskelzel-len sozusagen abschaltet und dadurch keine optimalen Stoffwechselvorgänge mehr gewährleistet sind. Aus die-sem Grund ist es nicht nur sinnvoll, sondern geradezu notwendig, sich über Bewegungspausen oder Positions-wechsel immer wieder zu aktivieren.

Suchen Sie sich doch einfach aus den folgenden Vor-schlägen mindestens zwei bis drei »gute Vorsätze« he-raus, und versuchen Sie, damit Ihrem Alltag etwas mehr Aktivität zu verleihen.

Bewegungseinheiten im Alltag:

– Benutzen Sie die Treppe statt des Fahrstuhls oder der Rolltreppe, denn so können Sie aktiv Ihren Muskel-stoffwechsel ankurbeln!

– Nutzen Sie es als Training, die Einkäufe in die Woh-nung hochzutragen! – Achten Sie dabei lediglich auf eine gleichseitige Lastverteilung und die Anspannung Ihrer Rumpfmuskeln!

– Stehen Sie zum Telefonieren auf und nutzen Sie schnur-lose Telefone, um ein wenig im Raum herumzuwandern oder sogar im ganzen Haus oder der ganzen Wohnung.

Bereits langsames Gehen kann den Gehirnstoffwechsel ankurbeln und das (Mit-)Denken erleichtern.

- Verfügen Sie über eine Handyflatrate? Dann nutzen Sie doch die Zeit des Telefonierens für einen Spaziergang an der frischen Luft und atmen einmal richtig durch!
- Arbeiten Sie in einem Gebäude mit mehreren Stockwerken? Dann nutzen Sie einfach den WC-Bereich ein Stockwerk unter oder über Ihnen!
- Haben Sie die Straßenbahn oder den Bus gerade verpasst? Dann nutzen Sie die Zeit und gehen schon mal ein oder zwei Stationen in Ihre Richtung. Überbrücken Sie die zehn oder fünfzehn Minuten mit einer Bewegungseinheit!
- Treffen Sie sich mit Freunden und Bekannten zum Plaudern einfach zu einem längeren Spaziergang, gemeinsam ist es doch sowieso viel netter!

Wenn Ihnen diese Ideen zwar grundsätzlich zusagen, Sie aber das Gefühl haben, noch mehr Ansporn zu benötigen, dann kann Ihnen vielleicht ein Schrittzähler helfen. In den angelsächsischen Ländern sind Schrittzähler schon viel weiter verbreitet und helfen vielen Menschen dabei, ihren Alltag bewegungsreicher zu gestalten. Der Schrittzähler dient dabei nicht nur als wunderbares Motivationsinstrument, sondern liefert Ihnen auch eine gute und direkte Kontrolle.

Die Empfehlung lautet, täglich ca. 10 000 Schritte zurückzulegen. Das hört sich nach viel an und ist für viele tatsächlich kaum machbar. Aber bereits ein paar Schritte mehr pro Tag können viel bewirken. Ein prima Anfang ist es, täglich

3000 Schritte mehr zu gehen, wie es auch das Bundesministerium für Gesundheit empfiehlt. Das Zentrum für Gesundheit in Köln hat eine Studie durchgeführt und viele positive körperliche Auswirkungen einer solchen Erhöhung der täglichen Schrittzahl feststellen können. Bereits 3000 Schritte mehr am Tag führen – Regelmäßigkeit vorausgesetzt – zu einer Verbesserung der Ausdauerleistungsfähigkeit, einer Verringerung der Blutdruckwerte, einer Verbesserung des Cholesterinwertes und was vielleicht am allerwichtigsten ist, die meisten Studienteilnehmer fühlten sich danach einfach rundherum wohler und zufriedener.

Machen Sie diese kleine Studie doch einfach einmal mit sich selbst und besorgen Sie sich einen Schrittzähler. Es gibt sie in allen Varianten auf dem Markt, angefangen mit ganz einfachen, die manchmal auch als Werbegeschenk erhältlich sind, bis hin zu professionelleren, computergestützten mit Datenspeicher.

Und so funktioniert es:

Bestimmen Sie zunächst Ihr Ausgangsniveau. Tragen Sie hierzu den Schrittzähler den gesamten Tag, bewegen Sie sich wie gewohnt und notieren Sie eine Woche lang jeweils am Abend, wie viele Schritte Sie den Tag über zurückgelegt haben. Wenn Sie einen Schrittzähler mit Datenspeicher besitzen, können Sie auch das Display zunächst verdecken und den Speicher erst nach Ablauf von sieben Tagen auslesen, um nicht zu starken Einfluss auf das Ergebnis zu nehmen. Nehmen Sie von den sieben Tagen den Mittelwert und betrachten Sie dies als Ihr Basisniveau. Um Ihr Aktivitätsniveau besser einordnen zu können, können Sie die folgende Tabelle zu Hilfe nehmen:

Tab 1: Aktivitätsniveau

Aktivitätskategorie	Schritte
Inaktiver Lebensstil	< 5000
Wenig aktiv	5000–7499
Etwas aktiv	7500–9999
Aktiv	10 000–12 499
Sehr aktiv	> 12 500

Gehören Sie bereits der vierten oder fünften Gruppe an? Prima! Wenn nicht, gehen Sie doch ein wenig mehr. Addieren Sie zu Ihrem individuellen Basiswert 3000 Schritte hinzu, dies ist dann Ihre Zielmarke, die Sie versuchen sollten zu erreichen.

Beispiel: 5458 ist Ihr Basiswert, dann ist Ihre Zielmarke 8458 Schritte/Tag. Sie können dies natürlich auch langsam steigern, die erste Woche 1000 Schritte mehr gehen, ab der zweiten Woche auf 2000 Schritte erhöhen und bis zur dritten Woche auf 3000 Schritte und mehr steigern. Tausend Schritte macht man ungefähr, wenn man 10 Minuten zu Fuß unterwegs ist. Sie sehen: »Auch Kleinvieh macht Mist!« Und Sie werden sehen, langfristig laufen Sie allen davon!

Kapitel 7

Endlich die Welt verändern –
Warum es nie zu spät ist, etwas Neues zu beginnen

Ich erzähle Ihnen mal die Geschichte von Phyllis Turner. Phyllis Turner stammt aus Australien und hat ein abgeschlossenes Masterstudium in Medizin. Das ist erst einmal nichts Ungewöhnliches, nur dass Frau Turner neunfache Ur-Ur-Großmutter und 94 Jahre alt war, als sie ihren Abschluss machte.

Als Zwölfjährige hatte sie die Schule abgebrochen, mit siebzig schrieb sie sich dann an der Uni ein, absolvierte ein Anthropologie-Studium, das sie 1986 abschloss, und danach studierte sie Medizin. Und jetzt möchte sie, Sie ahnen es schon, das nächste Studium in Angriff nehmen.

Und Phyllis Turner ist nicht die älteste Universitätsabsolventin. Das ist die Amerikanerin Nola Ochs. Sie schloss ihr Studium in Geschichte in Kansas im Alter von 95 Jahren ab, übrigens gemeinsam mit ihrer 21-jährigen Enkeltochter Alexandra. Eigentlich aber wäre der hundertjährige Marvin Northen die Nummer eins unter den Altersabsolventen. Weil der aber in seinem Wirtschaftsstudium, das er 2006 mit dem Bachelor abschloss, etwas schummelte und sich einen Schein in Chemie ergaunerte, ohne je eine Prüfung abgelegt zu haben, wurde sein Abschluss nicht offiziell anerkannt. Dabei wäre das dann sein zweiter Rekord gewesen. Einen nämlich hält er schon: Er brauchte für das Studium satte achtzig Jahre! So, das schon mal vorab zum Thema »nix geht mehr«.

Geht es nicht eine Nummer kleiner? Ich soll noch einmal die Welt verändern? Das habe ich doch früher auch nicht gemacht. Und überhaupt: Wie sollte ich das auch anstellen? Soll ich noch mal den Nobelpreis anpeilen, indem ich meinen eigenen Alterscode entschlüssele? Frei nach dem Motto: »Schaut her, ich weiß woher meine Falten kommen: Ich habe zu viel gelacht.« Ich sehe schon die Schlagzeilen: »Moderator entdeckt Anti-Aging-Faktor: Lachen Sie weniger!«

Wohl keine weltbewegende Entdeckung. Oder sollte ich die Welt mit neuen Geschäftsideen umkrempeln? Ich könnte ja alternden Investmentbankern ein neues Zuhause geben. »Haus Dax, der Beginn für einen neuen Kurs.« Dort können die enttäuschten Finanzjongleure dann Wetten abschließen auf den Mittagstisch. Sie können Essensmarken verkaufen, die sie noch gar nicht haben. Wer sich verzockt, geht leer aus. Und alles in D-Mark!

Na ja, Sie sehen. Auch das würde wahrscheinlich die Welt nicht in ihren Grundfesten erschüttern. Aber so ist das alles hier auch gar nicht gemeint. Denn die Welt lässt sich auch in kleinen Schritten verändern. Und damit meine ich auch Ihre Welt. Denn Sie stellen die Weichen dafür, wie Ihr Leben sich weiterentwickelt.

Nehmen Sie am Leben nur noch teil, oder gestalten Sie

auch das Leben anderer, indem Sie Ihre Erfahrungen und Ideen weitergeben? Oder wie es ein Fußballtrainer ausdrücken würde: nicht nur reagieren, sondern agieren. Denn ob der Mensch ein wichtiger Teil der Gesellschaft ist, misst sich in Zukunft nicht nur an der Frage, ob er in die Sozialkassen einzahlt oder pünktlich die Miete bezahlt. Auch geht es nicht darum, immer als Erster im Winter den Schnee zu fegen oder im Sommer den Rasen tiptop zu mulchen. Das verändert die Welt in keiner Weise und sorgt eher dafür, dass alles so bleibt wie es ist, und eigentlich bedeutet es nur Stillstand.

Was ich meine ist, dass Sie Aufgaben übernehmen, die die Gesellschaft beeinflussen können. Sich einsetzen für etwas, ohne nur darüber nachzudenken, was das am Ende einbringt.

Freie Zeit und jetzt? – Warum der Ruhestand zur Falle werden kann

Blacky Fuchsberger, der streitbare Schauspieler, forderte vor Kurzem: Alte Menschen sollen sich nützlich machen! Denn das scheint nicht die Regel zu sein. »Tut etwas Nützliches, statt in der Nase zu bohren. Engagiert euch. Geht auf die Jugend zu, in die Krankenhäuser, statt vor Langeweile zu saufen!«

Nun gehe ich nicht davon aus, dass Sie der Typ Altersnasenbohrer sind oder vor der Glotze an der Flasche hängen. Aber dennoch interessiert mich die Frage, wie Sie sich Ihre Zukunft im Alter so vorstellen. Haben Sie sich darüber vielleicht noch gar keine Gedanken gemacht? Dann wären Sie nicht alleine. Wie oft treffe ich Menschen, die kurz vor der Rente stehen und sich Hoffnungen machen, dass das Leben dann endlich anfängt. »Ich werde viel wegfahren« und »Ich hab ja meinen Garten« höre ich dann, mehr aber auch nicht.

Dabei haben Sie rein statistisch gesehen viel Zeit, aus Ihrer Zeit etwas zu machen. Denn Studien belegen, dass weniger als die Hälfte der rund 20 Millionen Menschen im Alter zwischen fünfzig und siebzig Jahren noch erwerbstätig sind. Mit über sechzig Jahren sind es gerade noch sieben Prozent, über siebzig Jahre nur noch 1,5 Prozent.

Und jetzt sagen Sie mir nicht, Sie hätten keine Zeit, sich in der Gesellschaft zu engagieren, und das während die Diskussion um ein höheres Rentenalter schon längst läuft.

Übrigens ist die Hälfte der Menschen, die zwischen 65 und 70 noch arbeitet, selbstständig. Und das liegt nicht nur daran, dass Selbstständige im Regelfall mehr für ihre Altersvorsorge tun müssen. Nein, es könnte auch sein, dass sie sich ganz frei dazu entschieden haben, dass sie einfach nicht aufhören wollen mit der Arbeit. Vielleicht macht ihnen die Arbeit ja tatsächlich Spaß, wenn wirklich Entscheidungen zu fällen sind und Verantwortung übernommen werden muss. Der »normale« Angestellte dagegen erlebt den Schnitt, nach dem vermeintlich nur noch gefaulenzt wird, meist knallhart. Von einem Tag auf den anderen ist Schluss. Das nennt der Experte »Entberuflichung«. Schlimmes Wort für einen schlimmen Vorgang.

Chance Ehrenamt –
Was Sie im Alter für die Gesellschaft leisten können

Denn was tritt an die Stelle der Arbeit, was füllt die entstandene Lücke? Das Institut Allensbach hat sich mit dieser Frage beschäftigt. Es fand heraus, dass die Hälfte der Befragten mehr Zeit für sich und mehr Ruhe haben wollte, für die Stärkung der Gesundheit und der Fitness plädierte, sich mehr mit den Hobbys beschäftigen und auch größere Reisen unternehmen wollte. Nur ein Drittel will mehr unter die Leute gehen. Ein Engagement im ehrenamtlichen Bereich will nur eine kleine Minderheit.

Eine frühzeitige Beschäftigung mit der Thematik freiwerdende Zeit könnte generell den Blick schärfen, für das was kommt, sodass der Übergang in den Ruhestand fließender empfunden werden kann. Menschen so um die fünfzig sind nach Aussagen der 50+-Studie außerhalb des Arbeitslebens nämlich auch nicht übermäßig aktiv und schon gar nicht ehrenamtlich tätig. Dabei besteht ein ungeheurer Bedarf an freiwilliger Arbeit, und die Generation im Ruhestand hat Zeit und normalerweise auch die finanziellen Voraussetzungen, sich zu engagieren. Meist reicht es jedoch gerade noch, sich in Sportvereinen zu engagieren, mit viel persönlichem Einsatz, aber wenig organisiert. Das ist in anderen Ländern anders, dazu später mehr.

Stattdessen gibt es Menschen, die nicht mehr arbeiten, aber noch so tun, als ob das so wäre. Ich kenne einen Mann, der jeden Tag mit einer Aktentasche durch die Straßen geht, von dem ich aber weiß, dass er längst nicht mehr arbeitet. Was er macht und wohin er geht, weiß ich nicht, aber im

Prinzip läuft es so wie an der Kasse im Supermarkt: Die Rentner haben am wenigsten Zeit. Es soll schließlich keiner denken, man hätte nichts zu tun. Im Gegenteil. »Seitdem ich Rentner bin, habe ich gar keine Zeit mehr«, heißt nichts anderes als: Ich bin noch etwas wert, ich habe was zu tun!

Oder haben sie jemals gehört, dass Ihnen ein Rentner auf die Frage: »Was machst du denn jetzt so?«, antwortet: »Och, ich lasse mich einfach so treiben.« Ich fürchte, man würde anfangen, sich Gedanken um denjenigen zu machen. Oder einfach neidisch werden. Je nachdem.

Das Ehrenamt und die Arbeit in diesem Bereich ist in Deutschland zwar vorhanden, aber eher ein neuer Markt. Denn durchschnittlich sind es nur etwa zehn Prozent der über Fünfzigjährigen, die sich in Vereinen, Verbänden oder gemeinnützigen Unternehmen, sogenannten Non-Profit-Organisationen, engagieren. Nicht mitgezählt sind die, die mal dem Nachbarn helfen oder Eigenarbeit innerhalb der Familie leisten, zum Beispiel auf die Enkelkinder aufpassen. Das ist zwar aller Ehren wert, aber eben kein Ehrenamt.

Und in diesem Bereich liegt Deutschland in Europa eher im Mittelfeld. Die südlichen Länder tun sich allerdings noch schwerer, hier ist eindeutig der Norden Spitzenreiter mit Dänemark und Schweden und auch den Niederlanden. Experten vermuten, dass dies an der langen Tradition als Sozialstaat in diesen Ländern liegt. Man kümmert sich dort traditionsgemäß stärker um die anderen der Gesellschaft.

Ehrenamtlichkeit spielt offensichtlich dann eine größere Rolle in der Gesellschaft, wenn eine religiöse Orientierung vorherrscht, die Gesellschaft demokratische Erfahrungen hat, eine soziale oder liberale politische Einstellung vorherrscht und das Land sich in einer guten wirtschaftlichen Lage befindet. Verständlich also, dass südliche Länder in diesem Kontext schlechter abschneiden.

Die USA sind ein Staat, der nicht alles regelt und sozial absichert. Ein idealer Nährboden für das Ehrenamt oder wie man in Amerika sagen würde, das »Volunteering«. Auch historisch gesehen war die Selbsthilfe ein Muss, für die ersten Einwanderer war sie lebenswichtig. Schon allein diese Tatsache begründete eine andere Tradition und eine festere Verwurzelung des Ehrenamtes in der Gesellschaft. Ganze Industriezweige beschäftigen sich mit der Weiterbildung und Vermittlung von Volunteers.

Das Ehrenamt besitzt eine hohe Akzeptanz in der Bevölkerung und wird beinahe als Selbstverständlichkeit angesehen. Soziales Engagement wird schon in der Schule gelernt, und jede Bewerbung und jeder Lebenslauf, der erfolgreich sein will, sollte einige Tätigkeiten enthalten, die auf freiwilligem Engagement beruhen. So ist das Volunteering häufig eine Sprosse auf der Karriereleiter, aus so mancher ehrenamtlichen Stelle wird ein Vollzeitjob. Und sollte dies nicht der Fall sein, so bietet das Ehrenamt die Möglichkeit, sich Fähigkeiten und Kenntnisse anzueignen, die für das berufliche Weiterkommen maßgeblich sind.

In Deutschland ist, glaubt man dem Volksmund, ehrenamtliche Arbeit oft mit »Vereinsmeierei« gleichgesetzt. Und es ist etwas Wahres daran. Anders als die Amerikaner, die oft individueller und unabhängiger agieren, braucht der Deutsche eine Gruppe, um seine Ziele zu verfolgen. Anders ausgedrückt, der Deutsche liebt feste Strukturen. Das hat ja auch so seine Vorteile.

Amerikaner lehnen einen starken Staat eher ab und setzen auf Eigeninitiative, sind Mitgestalter ihres Landes. Wir Deutschen, wer wüsste das nicht, rufen dagegen gerne mal nach dem starken Staat. Das hat Vor- aber auch Nachteile. Denn so kommen die Deutschen zum Beispiel nicht in den Genuss der vielen Milliarden, die reiche Amerikaner jährlich spenden. Denn auch das ist ein Unterschied. Die Elite sieht sich der Gesellschaft verpflichtet, in Deutschland gibt es weder eine Anerkennungs- noch eine Einforderungskultur gegenüber Reichen.

Granny Au-pair –
Wie gesellschaftliches Engagement Ihr Alter bereichert

Es ist schwer, die Motivation zur Ehrenamtlichkeit zu finden, wenn man sie nicht gelernt hat, sie nicht als selbstverständlich ansieht. Dennoch kann gerade mit Blick auf Alter und Ruhestand ein Ehrenamt eine echte Perspektive darstellen. Wäre doch schön, wenn Betriebe demnächst Fortbildungen für ihre Mitarbeiter anbieten würden, in denen diese lernen, wie sie ihre Fähigkeiten im Ruhestand an andere weitergeben können. Wer weiß, vielleicht gibt es ähnlich wie in den USA auch bei uns demnächst Agenturen, die Ehrenamtler nach dem Motto vermitteln: »Ich kann was, wo kann man das gebrauchen?« Stellen Sie sich vor: Sie sind ein guter Schreiner und fertigen in Ihrer freien Zeit demnächst mit Jugendlichen im Jugendzentrum Schränke und Regale. Ich fände es cool! Eine Etage höher gibt es das bereits: Die Initiative »Erfahrung Deutschland«

(ED) wirbt als größtes Netzwerk für Fach- und Führungskräfte im Ruhestand damit, insgesamt 418 589 Jahre Führungserfahrung bieten zu können. Für Projekte vermittelt die Initiative ehemalige Leistungsträger an Unternehmen. Das stößt vor allem bei kleineren und mittelständischen Betrieben auf Interesse. Teilnehmer an der Aktion berichten davon, dass der Ruhestand mit Lesen und Gartenarbeit sie nicht ausgelastet habe. Agenturen zur Vermittlung tatkräftiger Rentner gibt es übrigens mehr als genug.

Möglich wäre es aber auch, den Job als Großeltern ernst zu nehmen. Denn auch das ist eine wichtige soziale Aufgabe. Oma und Opa sind nämlich dem Deutschen Jugendinstitut München zufolge die wichtigsten Bezugspersonen nach Eltern und Kindergarten. Und längst sind die Zeiten vorbei, als die Erziehungsleistungen von Großeltern negativ beurteilt wurden.

Noch in den fünfziger Jahren des letzten Jahrhunderts wurde in pädagogischen Ratgebern vom Einsatz der »Alten« in der Erziehung des Nachwuchses abgeraten. Zu alt, zu langsam, nicht auf der Höhe, so die Einschätzungen. Doch heute geht ohne Oma und auch Opa nichts mehr. Jedes vierte Großelternpaar betreut die Enkel regelmäßig, so das Deutsche Zentrum für Altersfragen in Berlin. Fast die Hälfte hilft sporadisch aus. Und laut dem Bundesinstitut für Bevölkerungsforschung ist es heute bei der Familienplanung von entscheidender Bedeutung, ob die Großeltern signalisieren, dass sie sich um die Enkel kümmern wollen.

Wenn Sie keine eigenen Enkel haben oder diese schon groß sind, werden Sie doch Granny Au-pair. Eine findige Hamburgerin hatte Anfang 2010 diese Geschäftsidee. Vermitteln wir doch mal die, die Zeit haben, an diejenigen, die keine Zeit haben, so wie im Fall einer 62-Jährigen aus Hannover. Die ging als Großmutter zu einer deutschen Familie nach Andalusien und kutschierte in der Folgezeit deren Kinder zur Schule. Für sieben Wochen und natürlich für ein kleines Gehalt. Dann zog sie weiter. Michaela Hansen, die Agenturinhaberin, meint jedenfalls: »Reife Frauen sind heute fit, gut ausgebildet und abenteuerlustig. Mit ihrer Lebenserfahrung haben sie den Gastfamilien viel zu bieten.« Und, so möchte man hinzufügen, machen dabei Erfahrungen, die ihr Leben bereichern.

Denn darin sind sich die Experten einig, gerade soziale Arbeit ist nicht nur gut für Dritte, sondern führt auch zu einer Verbesserung der eigenen Lebensqualität. Und das Engagement in Ehrenamt und sozialer Arbeit kann Ihnen noch viel mehr geben:

– Es reduziert das Risiko für Depressionen im Alter erheblich. Damit ist auch das Depressionsloch gemeint, das im Allgemeinen nach der Berufstätigkeit beim Übergang zur Rente auftritt.
– Es steigert das Selbstwertgefühl, was im Alter normalerweise leicht abnimmt. Den höchsten Grad an positivem Selbstwertgefühl haben Forscher in den USA bei Menschen um die sechzig festgestellt. Auch wenn das positive Bild von sich selber natürlich mit abhängig ist von Bildung, Einkommen und Status, so ist doch interessant, dass die Lebensmitte als Zeit der Stabilität definiert ist. Dies bezieht sich auf Beruf, Familie und Liebesbe-

ziehungen. Durch die Veränderungen im Alter wird diese Stabilität wieder außer Kraft gesetzt, sodass es zu einer Verschlechterung des Selbstwertgefühls kommt. Hier kann das Engagement in Ehrenamt oder sozialer Arbeit gegensteuern.

– Es wirkt sich positiv auf die Gesundheit aus. Ehrenamtler werden seltener krank und kommen auch sonst im Alltag besser zurecht.

– Es stabilisiert nachlassende Gehirnfunktionen und kann sie sogar verbessern. Die Harvard School in Boston untersuchte 2800 Personen jenseits des 65. Lebensjahres. Menschen mit stärkerer sozialer Teilhabe zeigten einen viel geringeren kognitiven Abbau als solche, die weniger kontaktfreudig waren.

– Es vermindert das Sterberisiko unabhängig von Gesundheitszustand und Alter, denn wer sich für andere verantwortlich fühlt, der achtet auch mehr auf die eigene Gesundheit.

Wie gerne kritisieren ältere Menschen die Jüngeren in punkto Engagement für die Gesellschaft. Eine Studie entdeckt hierfür einen ganz simplen Grund. Immer wenn ältere Menschen etwas Negatives über junge Menschen lasen, wirkte sich das positiv auf ihr Selbstwertgefühl aus. Also steckt einfach nur der Neid auf die Vorteile dahinter, die die Jugend vermeintlich hat. Wer weiß …

In Sachen Engagement für die Gesellschaft geben die Jungen den Alten jedenfalls keinen Anlass, ihr Selbstwertgefühl aufzubessern. Denn im Gegensatz zur Generation 50+ engagieren sich junge Menschen doppelt so oft im Ehrenamt. Da ist also noch Luft nach oben für Sie, meine Damen und Herren!

Tipp:

Stress beschleunigt das Altern. Er ist besonders dann gefährlich, wenn er nicht mehr verschwindet und zum Dauerzustand wird. Die ständige Anspannung sorgt für einen Anstieg der Stresshormone im Körper. Sie schwimmen dann im Blut herum und zerstören langfristig die Blutgefäße. Die Organe und auch das Gewebe befinden sich dann in einem schleichenden Entzündungsprozess, was sie vorzeitig altern lässt. Wer also rechtzeitig dagegen vorgeht, altert langsamer. Entspannungstechniken wie Yoga, Tai Chi und autogenes Training bekämpfen Stress und können so zu einem echten Jungbrunnen für Sie werden.

Falsch wäre es allerdings, das Leben deshalb völlig schleifen zu lassen. Neugierde, Mut und auch Risiko sind und bleiben Reize, die wir uns ein Leben lang erhalten sollten. Aktiv nach neuen Aufgaben und Herausforderungen zu suchen ist nicht allein den Jungen vorbehalten. Um dabei nicht mitzumachen, sind wir viel zu fit.

Meine Patenkinder jedenfalls haben große Freude daran, mir die neuesten Kommunikationsmittel zu erklären. Und auch ich möchte iPhone, iPad und Kollegen nicht mehr missen. Und wer weiß, was da noch alles auf mich zukommt. Ich jedenfalls freue mich darauf. Und Sie wissen ja: Wer andere anstecken möchte, muss selber brennen!

Kapitel 8

Nyamininga – Freuen Sie sich auf die »Zweite Pubertät«

Im Süden Kameruns leben die Beti-Frauen, sie streben nach Höherem und freuen sich gerade deshalb darauf, die Grenze zur Fünfzig zu überschreiten. Denn dann erleben diese Frauen den Eintritt in eine »Zweite Pubertät« – in Deutschland meist schlicht mit Wechseljahren oder Meno- (bei den Frauen) bzw. Andropause (bei den Männern) umschrieben.

Die Beti-Frauen beginnen dann jenen Lebensabschnitt, in dem sie endlich Zugang zum höchsten Status und zur höchsten Anerkennung finden. Denn von diesem Zeitpunkt an sind die Frauen nicht mehr dem Mann untergeordnet. Mit dem Eintritt in diese »Zweite Pubertät« werden sie gesellschaftlich dem Mann gleichgestellt. In der Landessprache nennt man diesen Lebensabschnitt »nyamininga«, was so viel bedeutet wie »die wichtige, erfüllte Frau«.

Der hormonelle Wandel besitzt aber nicht nur in Kamerun eine vollständig andere Bedeutung als bei uns. Auch in anderen Kulturen wird dieser Lebensabschnitt mit der sich ändernden hormonellen Ausstattung des menschlichen Organismus als Chance für einen Eintritt in eine neue Lebensphase betrachtet.

Ganz anders bei uns, wo diese Lebensphase zu einer »Krankheit« wird. Von diesem Zeitpunkt an gelten wir als ausgelaugt und sollen ausgelebt haben. Was für ein Quatsch, oder?

Schauen wir mal genauer hin und begeben uns in die Abgründe der zweiten großen Hormonumstellung – der zweiten Pubertät. Blicken wir dabei besonders auf die Sexualhormone Testosteron und Östrogen, die dieses Zeitfenster unseres Lebens besonders prägen, da sie langsam wieder aus unserem Leben verschwinden und unseren Organismus so verändern, fast genauso wie vor vierzig oder fünfzig Jahren, als sie so plötzlich in unser Leben traten, uns völlig verwirrten und unsere Eltern fast zur »Raserei« brachten. Und genau wie damals nehmen auch im Alter die Hormone nicht nur ab, sondern andere Hormone nehmen gleichzeitig zu.

Erektionsstörungen und Co. – Die »Zweite Pubertät« des Mannes

Kennen Sie den Begriff der Andropause überhaupt? Wenn nicht, können Sie ihn getrost direkt wieder aus ihrem Gedächtnis streichen, denn die »Wechseljahre des Mannes« sind mehr ein pharmakologisches und typisch deutsches Konstrukt als wissenschaftlich belegt. Im Gegenteil, erst im Sommer 2010 publizierte das wohl angesehenste medizinische Fachblatt das »New England Journal of Medicine«, dass sich Antriebsschwäche, abnehmende Leistungsfähigkeit, Erektionsstörungen und viele andere sogenannte Altersleiden der Männer nicht oder nur minimal auf den im Alter nachlassenden Testosteronspiegel zurückführen lassen.

Dazu hatten die Forscher mehr als 3300 Männer im Alter zwischen vierzig und 79 Jahren in acht europäischen Ländern auf über 32 mögliche Beschwerden hin untersucht, für die in der Vergangenheit immer wieder der niedrige Testosteron-Spiegel verantwortlich gemacht wurde.

Da aber diese vermeintlich neue Erkrankung der Pharmaindustrie eine stattliche Summe einspielt, haben in den USA die Verordnungen von teuren »Aufbaupräparaten« mit Testosteron in den letzten zehn Jahren um die 400 Prozent zugenommen. Damit werden sie fast genauso häufig verschrieben wie Östrogene den Damen über fünfzig Jahren. Nicht zuletzt aufgrund der seit Jahrzehnten erfolgreichen Medizinalisierung der weiblichen Wechseljahre wird nun auch fleißig Testosteron von den Ärzten an müde und lustlose Männer abgegeben.

Andere Länder dagegen kennen Wechseljahre weder beim Mann noch bei der Frau, denn selbst das sogenannte Klimakterium bei der Frau ist wissenschaftlich nie vollständig erklärt worden.

Dennoch bestimmen Ärzte fleißig weiter massenweise Hormonspiegel und verordnen den eigentlich gesunden, aber etwas »schlappen« Männern oder den Frauen mit Hitzewallungen vielversprechende Pillen. Aber was bewirken Testosteron und Co. und andere Hormone eigentlich in unserem Körper – einem System, das schon auf die geringsten Änderungen des Hormonspiegels reagiert?

Bei Männern ist Testosteron das wichtigste Sexualhormon (Androgen). Auch Frauen produzieren Testosteron, allerdings in viel geringerer Konzentration. Für die Testosteron-Produktion sind bei Männern primär die Hoden und in geringem Umfang auch die Nebennierenrinden verantwortlich, wohingegen es bei Frauen in den Eierstöcken und den Nebennierenrinden gebildet wird. Im Blut bindet sich Testosteron zum Großteil an Eiweiße (Albumin, sexualhormonbindendes Globulin, das SHBG) und gelangt auf diese Weise zu den verschiedenen Organen, um seine spezifischen Wirkungen zu entfalten.

Im männlichen Embryo entwickeln sich unter der Ausschüttung von Androgenen Penis, Hodensack und Prostata. Während der Pubertät ist Testosteron für das Wachstum der Geschlechtsorgane verantwortlich und führt dann zur Reifung der Spermien und zur Ausbildung eines männlichen Erscheinungsbildes: Schultern und Brustkorb verbreitern sich, der Kehlkopf (Adamsapfel) wächst heran, die Stimme wird während des Stimmbruchs tiefer, die Körperbehaarung vermehrt sich (Bart, Achsel- und Schamhaare), und auch unsere Gesichtszüge verändern sich (vorstehendes Kinn, breiter Kiefer). Testosteron hat aber auch Auswirkungen auf unser Verhalten: Sowohl das sexuelle Verlangen (Libido) als auch Antrieb und Aggressivität nehmen zu. Testosteron ist damit das typische Männerhormon, auf das diese so stolz sind.

Weist eine Frau einen erhöhten Testosteronspiegel auf, kann sich bei ihr eine vermehrte Körper- und Gesichtsbehaarung (Hirsutismus) einstellen, eine Akne ausbilden, eine tiefere Stimmlage entstehen, und es kann zu einem vermehrten Wachstum der Klitoris kommen.

Aber das Hormon hat nicht nur negative Auswirkungen auf den weiblichen Organismus. Im Gegenteil, auch Frauen hilft das Testosteron dabei, durch Training Muskelmasse und Muskelkraft steigern zu können, und es sorgt für eine optimale Knochendichte. Ferner beeinflusst es unseren Fett- und Zuckerstoffwechsel.

Dennoch ist die Forschung sich nicht einig darüber, wie genau sich das Hormon Testosteron bei Frauen auf Knochen, Muskulatur, Brustgewebe und die Gebärmutterschleimhaut auswirkt. Auch inwiefern sich dadurch das körperliche Erscheinungsbild, sexuelle Funktionen und Stimmungen beeinflussen lassen, ist noch nicht vollständig geklärt.

Es lässt die Versprechen der Pharmaindustrie nicht eben glaubwürdiger erscheinen, wenn man weiß, dass in der Forschung das Rätsel um das besagte Hormon noch gar nicht wirklich gelüftet werden konnte. Warum also wird es dann nahezu »hemmungslos« an verzweifelte (männliche) Senioren verabreicht?

Viele internationale Forschungen weisen schon seit Längerem darauf hin, dass die gesundheitlichen Risiken der Hormoneinnahmen ihren Nutzen deutlich überwiegen. So mussten bereits zwei laufende amerikanische Studien innerhalb der letzten zwei Jahre abgebrochen werden, weil es bei den Probanden unter der Einnahme eines Testosteron-Präparates zu schwerwiegenden Problemen am Herzen und am Gefäßsystem kam.

In der sogenannten MrOS-Studie aus San Francisco, die

ein Hormongel testete und dabei eine Risikogruppe von Männern über 65 Jahren einschloss, kam es beispielsweise während des Nachbeobachtungszeitraums von vier Jahren bei 14 Prozent der Probanden zu Herzproblemen wie etwa einem Herzinfarkt oder einer notwendigen Öffnung von verschlossenen Blutgefäßen (Revaskularisierung) mit Stent oder Bypass. Und das aufgrund eines Hormongels, das die Folgen des Alterns zu verlangsamen versucht.

Interessanterweise lautete die Erkenntnis daher plötzlich ganz anders: Im Umkehrschluss scheint man jetzt davon ausgehen zu können, dass die mit zunehmendem Alter nachlassende Testosteron-Produktion von »Mutter Natur« gewollt ist und geradezu eine kardioprotektive Wirkung hat. Soll heißen, es ist gut und gewollt, dass der Hormonspiegel sich verändert, denn dadurch werden Herz und Kreislauf geschützt.

Das Fazit vieler Kritiker lautet daher: Führen Sie dem Körper keine Hormone von außen zu, lassen Sie den Organismus – genau wie in der ersten Pubertät – einfach in Ruhe arbeiten.

Auffällig ist nämlich auch, dass selbst Erektionsstörungen, welche – wenn auch häufig unausgesprochen – zu den größten Leiden des älter werdenden Mannes zählen – sogar häufiger bei Männern mit *erhöhten* Testosteron-Werten vorkommen. Frederick Wu, Leiter einer wissenschaftlichen Studie an der University of Manchester, betont, dass die Testosteronwerte bei beschwerdefreien Männern nur unwesentlich von denen bei Männern mit Beschwerden abweichen. Der »Hormon-Drive« des Mannes kann also nicht lediglich auf seinen Testosteron-Spiegel zurück-

zuführen sein, vielmehr scheint er aus mehreren Faktoren wie etwa Übergewicht, Bewegungsmangel und anderer Leiden zu resultieren.

In der englischen Studie von Wu lagen so auch nur bei
0,1 Prozent der Männer zwischen vierzig und fünfzig Jahren ein Hormonmangel und Erektionsstörungen gleichzeitig vor, erst bei Männern zwischen siebzig und 79 Jahren steigerte sich der Prozentsatz auf auch nicht gerade
üppige 5,1 Prozent.

Es wirkt fast, als hätten Medien, Pharmakonzerne und
vielleicht sogar die Gesellschaft insgesamt händeringend
nach einer skurrilen Form von Gleichberechtigung zwischen Mann und Frau gesucht, und in den Hormonen den
Schuldigen gefunden, der scheinbar verantwortlich für
eine Vielzahl von Befindlichkeitsstörungen sein soll.

Hitzewallungen und Co. – Die »Zweite Pubertät« der Frau

Glücklicherweise scheint sich die Vorstellung von einer
Andropause noch nicht sehr weit durchgesetzt zu haben,
denn es gibt offenbar noch viele Männer, die über genügend Selbstbewusstsein und Kenntnisse verfügen, um
den kleinen Tücken der »Zweiten Pubertät« wie Haar-
ausfall und nachlassende sexuelle Aktivität mit einer großen Portion Gelassenheit und Selbstironie begegnen zu
können.

Von den Frauen dagegen scheint man das nicht erwarten zu wollen, denn die Wechseljahre der Frau gehören –

zumindest hierzulande – zu einer festen Begrifflichkeit mit einem klar definiertem »Krankheitsbild«. Bei Frauen soll ein einfacher Bluttest das Ende der weiblichen Fruchtbarkeit anzeigen – ganz so als ob der weibliche Körper von heute auf morgen seine Systeme vollständig zurückfahren würde. Aber ist das auch wirklich möglich? Und hat man tatsächlich ausreichend Erkenntnisse über die weiblichen Geschlechtshormone und deren Wirkung auf den Organismus?

In der ersten Hälfte des wiederkehrenden weiblichen Monatszyklus' wird normalerweise von den wachsenden Follikeln in den Eierstöcken das Östrogen Oestradiol produziert. Als Follikel bezeichnet man eine Eizelle, die noch von einem Eibläschen, das sie ernährt, umschlossen ist. In der ersten Zyklushälfte sorgt Oestradiol dafür, dass die Gebärmutterschleimhaut sich aufbaut und anwächst. Sobald eine Eizelle das sie umgebende Eibläschen verlassen hat (Eisprung), wird dieses zum sogenannten Gelbkörper. Dieser Gelbkörper ist wiederum für die Ausschüttung des Hormons Progesteron verantwortlich. Seine Wirkung wird vor allem in der zweiten Zyklushälfte bedeutsam, in der das Progesteron dafür sorgt, dass sich die Gebärmutterschleimhaut auflockert und sich so auf die Einnistung einer befruchteten Eizelle vorbereitet. Wenn – wie es in der Menopause der Fall ist – kein Eisprung mehr stattfindet, entsteht auch kein Gelbkörper mehr, folglich wird vom weiblichen Körper auch kein Progesteron mehr gebildet.

Der Vorrat an Eizellen in den Eierstöcken geht irgendwann vollständig zu Ende, und das hormonproduzierende

Gewebe verkümmert. Die Eizellen in den Eierstöcken werden nämlich im Gegensatz zu den männlichen Spermien nicht ständig nachproduziert. Schon bei der Geburt der Frau entsteht ein Pool an Eizellen, der mit dem Eintreten der ersten Menstruation (Menarche) allmählich aufgebraucht und nicht erneuert wird. Etwa ab dem 40. Lebensjahr sind schon so viele dieser Eizellen aufgebraucht, dass immer unregelmäßiger neue heranreifen. Den Höhepunkt der Wechseljahre stellt dann die sogenannte Menopause dar, die letzte Menstruation, die im Durchschnitt mit dem 52. Lebensjahr eintritt. Zu diesem Zeitpunkt sind dann alle Eizellen in den Eierstöcken aufgebraucht.

Zu den Wechseljahren zählt man allerdings auch schon die Zeitspanne ein bis zwei Jahre vor der Menopause (prämenopausaler Abschnitt) und die Zeit nach der Menopause (postmenopausaler Abschnitt), sodass sich diese körperliche Umstellung insgesamt über einen Zeitraum von zehn Jahren erstrecken kann. Allerdings ist dies von Frau zu Frau sehr verschieden. Da die hormonelle Umstellung nicht von heute auf morgen stattfindet, ist es also auch nicht zwangsläufig so, dass in dieser Zeit jede Frau gravierende Veränderungen an sich feststellen muss.

Zwar spricht man in der Medizin von einer Prämenopause, doch feststellen lässt sich diese – genauso wie die letzte Monatsblutung selbst – natürlich erst im Nachhinein. Vom Eintritt der Menopause kann nämlich erst gesprochen werden, wenn die Monatsblutung an zwölf aufeinander folgenden Monaten ganz ausgeblieben ist.

Für viele Frauen hat der Beginn der Wechseljahre aber

nicht nur eine rein biologische Bedeutung – meist geht diese Zeit vor allem psychisch an den wenigsten Frauen ganz spurlos vorbei, denn von diesem Zeitpunkt an können sie auf natürlichem Wege keine Kinder mehr bekommen. Fruchtbar bleiben Sie aber auch weiterhin – wie viele Beispiele zeigen, denken Sie nur an Gianna Nannini, die noch mit 54 Mutter wurde.

Forscher glauben inzwischen, eine spannende evolutionsgeschichtliche Erklärung für das Ende der Fruchtbarkeit gefunden zu haben. Ihren Untersuchungen zufolge soll die Menopause die Konkurrenz zwischen den Generationen verringern. Denn würde die Fortpflanzungsfähigkeit der Frauen bis ins hohe Alter erhalten bleiben, käme es früher oder später zu Konflikten und Konkurrenz mit den eigenen Töchtern, was die Versorgung der Kinder anbelangt. In der Steinzeit wäre das natürlich alleine aufgrund der begrenzten Ressourcen fatal gewesen. Die Zeitspanne der Fortpflanzungsfähigkeit wäre demnach begrenzt, weil so das Überleben und die Fortentwicklung der Kleingruppen in der Steinzeit besser gewährleistet waren. Die Überlegungen der Forscher um Michael Cant von der University of Exeter gehen aber noch weiter. Sie wollten auch die »biologische Begründung« dafür kennenlernen, warum Frauen auch nach dem Verlust ihrer Fortpflanzungsfähigkeit noch so viele Jahre weiterleben. Im Tierreich jedenfalls ist die Fortpflanzungsfähigkeit häufig eng mit der Lebensspanne des jeweiligen Individuums verbunden.

Beim Menschen gibt es dagegen die sogenannte »Großmutter«-Hypothese, die besagt, dass die Überlebenschancen der Nachkommen erhöht werden, wenn »ältere« Frauen beim Aufziehen der Kinder mithelfen. Das wiederum würde bedeuten, dass die Natur für die Frau nach der zweiten Pubertät die Rolle bereithält, beim Aufziehen der Enkelkinder zu helfen.

Allerdings gibt es wieder andere Untersuchungen, die davon ausgehen, dass die Fortpflanzungsrate weitaus größer wäre, wenn die Großmütter selbst weitere Nachkommen gebären würden. Es scheinen also auch noch andere Mechanismen eine Rolle zu spielen, die bedingen, dass beim Menschen die Menopause so früh einsetzt.

Forscher, die unter diesem geänderten Blickwinkel auf die Steinzeit schauten, versuchten mithilfe eines Modells zu ermitteln, welcher Zusammenhang zwischen der Verteilung von Ressourcen, wie zum Beispiel Nahrungsmitteln, vor allem bei Ressourcenknappheit und der Fortpflanzungsfähigkeit bestehen könnte. Wie anzunehmen war, ist es anscheinend dem Überleben der Kleingruppe besser zuträglich, wenn aufeinanderfolgende Müttergenerationen nicht miteinander um Ressourcen konkurrieren müssen. Die Forscher sehen hierin zumindest eine Teilerklärung für das Phänomen, dass die durchschnittliche Zeitspanne, in der Frauen gebärfähig sind, zwischen 19 und 38 Jahren liegt. Auf diese Weise gibt es bei Geburten kaum zeitliche Überschneidungen mit der nachfolgenden Generation – ganz anders als es beim Menschenaffen der Fall ist.

Die Großmutter-Hypothese scheint also nicht ganz abwegig zu sein. Glaubt man obigen Forschungsergebnissen, hilft die Menopause den Frauen nicht nur dabei, sich Generationskonflikte zu ersparen und die Lebensfreude ihrer Enkel zu steigern, sondern war evolutionsgeschichtlich bedeutend, da es die Überlebenschancen der Menschen verbesserte. Man könnte also formulieren, dass die Hormone in den Wechseljahren im Dienste der Enkelkinder schwinden.

Aber nicht nur für die älter werdende Frau bieten sich in dieser Phase ganz neue Möglichkeiten, die als Auslöser für eine positive Um- und Neuorientierung im Leben genutzt werden sollten.

Jeder neue Lebensabschnitt wird von verschiedenen Menschen auch sehr unterschiedlich erlebt. Besonders die Angst vor den Auswirkungen des nachlassenden Hormonspiegels, vor dem Nachlassen von körperlichen und natürlich auch geistigen Fähigkeiten, macht vielen von uns sehr zu schaffen. Geben Sie sich Zeit zu akzeptieren, dass ein neuer Lebensabschnitt beginnt. Versuchen Sie sich »einfach« zwischendurch immer wieder in Erinnerung zu rufen, dass sich damit für Sie im Leben ganz neue Möglichkeiten eröffnen.

Schauen Sie sich ruhig prominente Vorbilder an, die diesen Schritt auch bestens bewältigt haben, denken Sie zum Beispiel an Tina Turner, Madonna, George Clooney, Thomas Gottschalk oder Günther Jauch.

Humor statt Hormone – Warum Sie auf künstliche Hormone verzichten sollten

Die Wechseljahre bedeuten niemals das Ende des Frau- oder Mannseins, und es sind schon gar nicht alleine die Hormone für die eventuell als negativ empfundenen Veränderungen verantwortlich. Je mehr Sie diese neue Phase als Teil des Lebens akzeptieren und in sich hineinhorchen, welche Aktivitäten von nun an in den Vordergrund rücken sollten, desto leichter wird es Ihnen auch fallen, mit den kleinen Tücken der hormonellen Veränderungen umgehen zu können.

Die Wechseljahre sind jedenfalls ganz sicher keine Krankheit, die um jeden Preis bekämpft werden müsste. Und die damit einhergehenden Beschwerden müssen schon gar nicht medikamentös behandelt werden.

Haben Sie bitte keine Angst vor möglichen Symptomen der »zweiten Pubertät« wie Hitzewallungen, nächtliche Schweißausbrüche, Harninkontinenz oder nachlassende Libido. Denn all diese Dinge müssen sich nicht zwangsläufig einstellen oder äußern sich oft nur ganz minimal. Etwas mehr Angst vor den Nebenwirkungen einer Hormonersatztherapie wäre jedenfalls um einiges berechtigter.

Vielleicht denken Sie einmal daran zurück, wie es Ihnen damals ergangen ist, als Sie in die erste Pubertät kamen: Chaos im Gehirn, entgleiste Gefühle, Pickel im Gesicht … Und damals haben Sie diese Phänomene als lang ersehnten Schritt zum Erwachsensein verstanden. Sicherlich haben Sie niemals daran gedacht, sie mit Medikamenten zu bekämpfen. Warum sollten Sie es also jetzt tun?

Um menopausal bedingte Beschwerden zu lindern, verordnen Gynäkologen gerne Hormonpräparate, die unter anderem ähnlich wirkende aber synthetisch hergestellte Gestagene enthalten. Die darin enthaltenen Inhaltsstoffe entsprechen allerdings in ihrer Zusammensetzung in keinster Weise den körpereigenen Hormonen.

Oestradiol ist ein äußerst stark wirkendes Hormon, dessen Auswirkungen auf den Körper normalerweise durch das Vorhandensein von Progesteron in Schach gehalten wird.

Progesteron hat eine harntreibende Wirkung, bietet dem Brustgewebe Schutz vor Knötchenbildung und vermindert damit das Krebsrisiko für Brust und Gebärmutter. Des Weiteren unterstützt es den Knochenaufbau und normalisiert den Blutzuckerspiegel sowie die Blutgerinnung. Es leistet aber auch seinen Beitrag bei der Fettverwertung und wirkt antidepressiv.

Es handelt sich also um reine Chemie! Problematisch daran ist nur, dass man häufig versucht, die einen Beschwerden zu bekämpfen, ohne zu merken, dass damit andere Leiden provoziert werden. Gerade künstliche Gestagene sind mitverantwortlich für viele Nebenwirkungen, zu denen etwa Schlaflosigkeit, Flüssigkeitseinlagerungen, Migräne und Depressionen zählen. Und das sind nur die reversiblen Nebenwirkungen. Schlimmer sieht es da mit möglichen Langzeitfolgen aus. Ähnlich der Negativfolgen beim vorher beschriebenen Einsatz des Testosterongels werden inzwischen auch immer mehr Details der Nebenwirkungen von hormonellen Ersatztherapien bei Frauen bekannt.

So konnte zum Beispiel anhand einer aktuellen Studie aus dem Deutschen Krebsforschungszentrum Heidelberg belegt werden, dass das Brustkrebsrisiko nach der Menopause in gleichem Maße von veränderlichen wie unveränderlichen Faktoren abhängt. So zeigt die Forschung, dass Brustkrebs in dreißig Prozent aller Fälle vermieden werden kann – und zwar durch den Verzicht auf eine Hormonersatztherapie.

Denn das Beste, was Sie für sich tun können, um die Entstehung von Brustkrebs zu verhindern, ist einmal mehr Bewegung. Körperliche Aktivität soll einen mindestens so großen Einfluss auf die Entstehung oder sogar die Verhinderung von Brustkrebs haben wie die nicht beeinflussbaren Faktoren, zum Beispiel die genetische Veranlagung, eine frühe erste Regelblutung oder das späte Einsetzen der Wechseljahre. Besonders letztere Parameter sind verantwortlich für ein Auftreten der Erkrankung, von der jährlich etwa 58 000 deutsche Frauen betroffen sind.

Da auf viele Frauen mindestens zwei dieser drei Faktoren zutreffen und diese auch über eine Veränderung des Lebensstils nicht beeinflussbar sind, widmeten sich die Forscher verstärkt den Parametern, auf die jeder von uns selbst Einfluss hat. Dazu gehören die Einnahme von Hormonen zur begleitenden Symptombekämpfung, körperliche Bewegung, das Konsumieren von Alkohol sowie starkes Übergewicht.

In der Studie mit 6386 gesunden und 3074 Frauen, die nach den Wechseljahren einen Brustkrebs entwickelten, stellte sich heraus, dass Alkoholkonsum und Übergewicht das Risiko kaum steigerte, wohingegen für 19,4 Prozent der Erkrankungen eine Hormongabe und für 12,8 Prozent unzureichende Bewegung verantwortlich gemacht werden konnten.

Im Klartext heißt das: Sie können Ihr Brustkrebsrisiko bereits um etwa dreißig Prozent senken, indem Sie auf die ohnehin teuren Hormonpräparate verzichten und sich stattdessen möglichst häufig – also am besten täglich – ausgiebig bewegen. Und das muss nicht zwangsläufig irgendein bestimmter Sport sein, denn auch Alltagsaktivitäten summieren sich, wie wir oben gesehen haben.

Wie hingegen synthetisch hergestellte Hormone, vor allem Progesterone, genau wirken, konnte erst kürzlich von einem internationalen Forscherteam aufgeklärt werden. Josef Penninger und seine Kollegen von der Österreichischen Akademie der Wissenschaften sowie Forscher aus Köln und Erlangen fanden heraus, dass synthetische Progesterone die Produktion eines Proteins namens RANKL in den Brustdrüsenzellen anregt. Problematisch daran ist, dass sich die Brustdrüsenzellen daraufhin nicht nur vermehrt zu teilen beginnen, sondern auch ein zelleigenes Selbstmordprogramm in Gang gesetzt wird. Da sich durch diese Hormone allerdings gleichzeitig die Stammzellenproduktion in der Brust stark verringert, kommt es nach und nach nur noch zu unkontrollierten Zellteilungen, die das Risiko einer Tumorentwicklung drastisch erhöhen. Die Industrie macht sich diese neue Erkenntnis dadurch zunutze, indem sie versucht, ein neues Medikament auf den Markt zu bringen, das wiederum den Wirkmechanismus des RANKL unterbindet. So ist seit Mai 2010 in

Europa ein Antikörper namens Denosumab zugelassen, der genau diesen Wirkmechanismus aufweist und bereits im November 2010 in London die Auszeichnung »New Drug award« zur Therapie einer starken Form der Osteoporose erhielt. Von diesem neuen »Wundermedikament« verspricht sich die Forschung natürlich auch im Kampf gegen die Krebsentstehung sehr viel. Aber wer garantiert uns, dass dieses Medikament nicht ebenfalls eines Tages in der Kritik steht, weil es andere Erkrankungen provoziert?

Ein weiteres wissenschaftlich hoch angesehenes Journal, das JAMA (The Journal oft he American Medical Association), veröffentlichte bereits im Jahr 2005 die Ergebnisse einer amerikanischen Untersuchung um Susan Hendrix von der Wayne State University Detroit. Anhand von Daten, die durch 27 000 Frauen im Alter von 50 bis 79 Jahren gewonnen wurden, die entweder nur mit Östrogen oder mit Östrogen und Progesteron behandelt worden waren, wiesen im Vergleich zu Probandinnen, die ein wirkungsloses Placebo erhalten hatten, ein deutlich erhöhtes Risiko für eine Harninkontinenz auf. Beide Hormonbehandlungen verschlimmerten die Probleme bei den Frauen, die bereits zu Beginn der Studie an Blasenschwäche litten. Teilnehmerinnen mit Stressinkontinenz waren dabei besonders betroffen. Vor allem bei körperlichen Anstrengungen wie etwa Husten, Niesen, Lachen oder Anheben schwerer Lasten kam es verstärkt zu unkontrollierbaren Harnabgängen.

Und selbst Herz und Gehirn werden scheinbar durch synthetische Hormone angegriffen. Sowohl Östrogen als auch Progestin erhöhen nicht nur das Risiko für einen

Herzinfarkt, sondern führten in verschiedenen Untersuchungen auch zu verfrühtem geistigem Abbau und Hirnschlag. Schützen Sie sich also vor vielen schweren Erkrankungen, indem Sie einfach keine Hormone einnehmen. Was bringt uns eine momentane Beschwerdefreiheit, wenn die Einnahme von Hormonen eventuelle Langzeitfolgen nach sich zieht?

Dennoch mag es natürlich einige unter Ihnen geben, für die das keine Rolle spielt, weil ihre aktuellen Beschwerden zu stark sind. Doch das Kuriose ist: Laut einer Studie aus dem Jahr 2003 an mehreren tausend Frauen half eine Hormonersatztherapie noch nicht einmal dabei, sich gesünder, vitaler, geistig fitter, ausgeglichener oder sexuell zufriedener zu fühlen.

Das Wissen um Geburt und Tod – Wie die »Zweite Pubertät« in anderen Ländern erlebt wird

Werfen wir diesbezüglich doch einmal einen Blick in andere Länder und Kulturen, in denen die Pharmamultis noch nicht das absolute Sagen haben, und in denen dem älter werdenden Mann oder der älter werdenden Frau eine zunehmende Wertschätzung entgegengebracht wird.

Nehmen wir Griechenland: Dort wird das Alter mit einem Anstieg an geistiger und spiritueller »Potenz« in Bezug gesetzt. Besonders das Wissen um Geburt und Tod ist dort ein wertvoller Erfahrungsschatz, den speziell die Alten besitzen. Wechseljahrbeschwerden finden dort keine Erwähnung, und es gibt in Griechenland, wie auch in vielen anderen Ländern, nicht einmal einen Begriff für den Lebensabschnitt, der bei uns mit Klimakterium umschrieben wird.

Innerhalb Europas scheint es zwei Welten zu geben. Während vor allem die Frauen im Norden Europas mit den Wechseljahren regelrecht Abschied von ihrer Weiblichkeit nehmen, kleiden und schminken sich die Südeuropäerinnen noch bis ins hohe Alter modebewusst und sogar figurbetont.

Wie Männer oder Frauen ihre »Zweite Pubertät« erleben, scheint somit in erster Linie davon abzuhängen, wie man den älteren Menschen in der jeweiligen Kultur wertschätzt. Je mehr Achtung und Wertschätzung, desto unbeschwerter und gelassener werden die Menschen den »Wechseljahren« auch entgegengehen können. In Kulturen, in denen Frauen in und nach den Wechseljahren neue Aufgaben und Rollen zuwachsen, zeichnen sich interessanterweise auch weniger körperliche Begleitbeschwerden ab. So trägt scheinbar vor allem psychischer Stress dazu bei, ob sich die Symptomatik mehr oder weniger stark ausprägt.

Studien zeigen auch hier, dass vor allem Frauen, die im Berufsleben zufrieden sind, weniger oder weniger starke körperliche Beschwerden entwickeln. Eine japanische Studie aus dem Jahre 2008 unterstreicht diese Vermutung: Mussten Frauen unter Zeitdruck während ihrer Wechseljahre komplizierte Aufgaben lösen, neigten sie viel eher zu Hitzewallungen als bei vergleichbaren Aufgaben ohne Stress. Auch wenn die Hitzewallungen die Leistung der Studienteilnehmerinnen nicht wesentlich beeinträchtigten, ist es dennoch erstaunlich, wie erheblich der Einfluss der Psyche zu sein scheint. Daher unser

Tipp:

Nehmen Sie die »Zweite Pubertät«, wie sie kommt – Hauptsache gelassen! Hormone kommen, und Hormone gehen. Und das ist auch gut so, denn nur so können wir wachsen und uns verändern.

Kapitel 9

Bald sind sie überall – Wie »die Alten« das gesellschaftliche Bild bestimmen werden

Überall sieht man Gehstöcke und Rollatoren. Ist das ein schlechtes Zeichen? Nein, eher ein gutes. Denn diese »Alten«, die jetzt einen ganzen Fuhrpark an Hilfsmitteln zur Verfügung haben, waren vor gar nicht so langer Zeit noch aus der Öffentlichkeit verbannt. In Zukunft aber werden die rüstigen Rentner (schon komisch, dass man extra erwähnen muss, dass ein Rentner »rüstig« ist) die Fitnessstudios entern. Es ist nicht mehr wie früher, als sich die Alten zu Hause versteckten, das Alter noch eine familiäre Angelegenheit war, privat und alles andere als öffentlich. Nein, das wird in Zukunft anders sein. Auch wenn meine Töchter sich noch ständig genervt darüber auslassen, dass im Bus so viele alte Leute sitzen. Sie werden sich daran gewöhnen müssen.

Überhaupt haben meine Töchter noch eine ziemlich vorurteilsbelastete Meinung über »alte Menschen«. Und manchmal würde ich das alles lieber gar nicht so genau wissen. So erzählte unlängst meine Jüngste von einem Lehrer, der echt Opa sei. Und sie meinte nicht, dass er schon Enkel hätte, sie meinte sein Alter. Auf meine Nachfrage, wie alt denn dieser Opa-Lehrer sei, antwortete sie: »Bestimmt fünfzig!« Es ehrt sie, dass sie noch im selben Moment merkte, dass sie ihrem Opa-Vater gerade einen Stich ins noch funktionstüchtige Herz versetzt hatte. »Du siehst aber viel jünger aus«, sagte sie ganz schnell und machte so alles wieder gut. Aber Sie sehen: Die Jungen haben manchmal ihre Schwierigkeiten mit den Alten, und dabei werden sie schon bald nur noch »Alte« sehen, wenn sie vor die Tür gehen.

Zielgruppe »Best Ager« – Warum die Wirtschaft auf »die Alten« setzt

In Japan ist das Verhältnis Alt zu Jung besonders extrem. In wenigen Jahren wird nämlich schon jeder vierte Japaner älter als 65 sein und die Hälfte der Nipponesen über fünfzig. Das ist beachtlich, aber wir Deutschen können da locker mithalten.

Schon heute ist auch Deutschland eines der ältesten Länder der Welt. 2009 waren 17 Millionen Menschen mindestens 65 Jahre alt. Ein Fünftel der Gesamtbevölkerung! 1950 war es noch jeder Zehnte.

Gleichzeitig hat sich die Geburtenrate seit 1950 halbiert, acht Geburten auf tausend Einwohner. Damit liegen wir hinter den USA, Frankreich, England, Italien und auch Japan. Zwar steigt auch die Lebenserwartung in Deutschland, aber das tut sie überall und in Schweden, Frankreich und Italien deutlicher als hier bei uns.

Nur mit dem Geld, da haben wir kein Problem. Denn

betrachtet man das Sparvermögen der Deutschen, liegen wir wieder auf einem Spitzenplatz. So besitzen die heute Fünfzigjährigen ein Nettovermögen von 2 Billionen Euro. Das sind 2000 Milliarden oder noch eindrucksvoller 2 000 000 000 000! Damit ist diese Generation die reichste seit Bestehen der Bundesrepublik. Und sie wird dieses Geld auch mit ins Alter nehmen, denn die Ü60 haben laut GfK ein Einkommen von 400 Milliarden Euro zur Verfügung. Da können sie auch viel ausgeben. Die Fünfziger schmeißen 500 Milliarden Euro im Jahr für Konsum und Dienstleistungen unters Volk, kaufen achtzig Prozent der Neuwagen und gönnen sich Reisen für 18 Milliarden Euro jährlich. Das ist immerhin die Hälfte der Gesamtumsätze der Branche.

Warum also Anti-Aging betreiben, wie die Industrie das Aufhalten des Normalzustandes nennt. Besser wäre es, ganz im Sinne des Gerentopsychologen Hans-Werner Wahl, wenn wir das Alter unter diesen Voraussetzungen so richtig genießen würden. Anstatt Anti-Aging sollten wir vielleicht lieber Well-Aging betreiben, sollten das Altern nicht verhindern wollen, sondern es uns im Alter gut gehen lassen.

»Meine Vorstellung vom gesunden Altwerden wäre es, erschossen zu werden. Von einem eifersüchtigen Ehemann – mit neunzig Jahren«, sagt der Wissenschaftler Richard Faragher, und er weiß, wovon er redet. Schließlich ist er Biologe an der University of Brighton und kümmert sich um Altersforschung. Aber er weiß auch, dass er ein ziemlicher Glückspilz sein müsste, wenn sich dieses In-flagranti-Szenario tatsächlich einstellen sollte. Das habe ich in anderen Kapiteln dieses Buches bereits erläutert.

Auch wenn man sich vielleicht eine andere Einstellung zum Alter wünschen würde, lässt sich der Begriff Anti-Aging nicht mehr aus der Forschung wegdenken. Denn für viele ist er bereits zum Inbegriff der Möglichkeiten geworden, sich hier und da aus der Schublade der Pharmazie zu bedienen, um dem Alter ein Schnippchen zu schlagen. All diejenigen, die sich das leisten können und die Zeit dazu haben, treffen auf einen bunten Markt. Doch nicht alles, was die Industrie so empfiehlt, hält auch, was es verspricht.

So warnen Wissenschaftler wie Faragher vor nicht zulassungspflichtigen Medikamenten, Nahrungsergänzungsmitteln oder Diäten, beklagen die mangelnde Überprüfung und warnen Verbraucher vor pseudo-wissenschaftlichen Behauptungen und allzu optimistischen Versprechungen.

Und dennoch wird der Markt immer größer. Schließlich ist doch genug Geld da. Und wo ein Glaube ist, da ist auch eine Falte weniger.

Doch eigentlich ist eine alternde Gesellschaft gar nicht so schlecht für uns, wie wir immer denken. Denn mit den richtigen Rahmenbedingungen wird Deutschland von seinem Alterungsprozess profitieren. Unter anderem dadurch, dass Dienstleistungen entstehen, die dann vom Exportweltmeister exportiert werden können. Das gilt dann auch für Produkte rund um das Alter. So warten zurzeit schon einige Unternehmen auf ihren Einsatz in China, dem Land, das demnächst laut Statistik Platz eins im Alt-werden einnehmen wird.

Von den 1,3 Milliarden Chinesen waren im Jahre 2000 gerade mal 86 Millionen über 65 Jahre alt. 2010 waren es schon 118 Millionen, und 2040 werden es 329 Millionen sein. Fast ein Drittel der Bevölkerung über 65, eine riesige Herausforderung für das Land und deren Sozialkassen, die es ja so noch gar nicht gibt. Erst zu Beginn 2012 wurde ein landesweites Rentensystem eingeführt, das aber nicht viel daran ändern wird, dass sich Chinas Bürger demnächst privat versorgen müssen. Nur 116 Millionen Chinesen sind nach Schätzungen der Weltbank nach Erreichen des Rentenalters privat abgesichert.

Sie ahnen vermutlich, was das bedeutet. Schon jetzt stehen Versicherer, Vermögensverwalter und Investmentbanker Schlange, um vom Kuchen ein großes Stück abzubekommen. Und sie kommen natürlich auch aus Deutschland.

So gehört zum Beispiel die Allianz in Asien zu den größten westlichen Versicherungsanbietern. Und auch in der Pflegebranche stehen die Deutschen bereit, um den asiatischen Markt zu erobern. Denn eine alternde Gesellschaft und die jahrelange Ein-Kind-Politik führen zu einem riesigen Problem für China und zu großen Ohren bei Dienstleistern. Denn wenn aus vier Großeltern zwei Eltern werden, die dann nur noch ein Kind bekommen, ist im schlechtesten Fall ein junger Chinese für sechs Alte zuständig. Und das geht nicht ohne professionelle Hilfe. So könnte Altenpflege »Made in Germany« auch ein echter Exportschlager werden. Jedenfalls gibt es erste Anzeichen dafür, dass auch deutsche Firmen ihr Know-how unter die wohlhabenden Chinesen streuen werden, wenn diese denn bereit sind, ihr vieles Geld auch auszugeben.

Dass das nicht der Fall sein muss, sieht man gerade in Japan, dem – ich sagte es bereits – ältesten Land der Welt. Denn dort gehen die sognannten Babyboomer allmählich in den Ruhestand. Es wird die reichste Generation in der japanischen Geschichte sein.

Nur leider hält sie ihr Geld zusammen, anstatt zu konsumieren. Und nebenher arbeitet sie noch fleißig weiter. Mit dem Resultat, dass diese Alten zwar prima leben, die nachfolgende Generation aber Schwierigkeiten bekommen wird. Fast die Hälfte der erwerbstätigen Japaner zwischen 15 und 34 Jahren hat nicht genug Geld, ihren Alltag zu finanzieren. Sie werden von den Rentnern unterstützt, und das sollte doch eigentlich andersherum sein.

Das alles führt dazu, dass Geld zwar vorhanden ist, aber nicht ausgegeben wird – mit fatalen Folgen für Japans Wirtschaft. Und das liegt an der japanischen Mentalität, die eher konservativ zu sein scheint und alte Strukturen aufrechterhalten will – nur ein Beispiel oder besser kein Beispiel dafür, wie es laufen sollte.

Eine Folge hiervon: Die eben erwähnte Allianz hat ihr Neukundengeschäft in Japan eingestellt, da der junge Japaner, welch Wunder, aus Sicherheitsgründen keine langfristigen Geldanlagen wünscht. Und um die Alten kümmern, will er sich erst recht nicht.

Also tüfteln japanische Wissenschaftler an einem Roboter, der in der Altenpflege eingesetzt werden soll. Er kann riechen, hören und sehen und vielleicht demnächst siebzig Kilogramm heben. Der Clou: In Zukunft soll er den Gesundheitszustand eines Menschen am Atem erkennen können. Ist doch schrecklich, oder? Selbst wenn dies alles möglich wird – menschliche Zuwendung spendet R2D2 wohl kaum.

Geht es noch schlimmer? Ja. Von dem computergesteuerten Seehundbaby namens Paco, das mit den Augen zwinkert, niedlich fiept und in die Richtung des Sprechers blickt, haben wir ja schon gehört. Und ich kann Ihnen versprechen, dass dem Erfindungsreichtum der Menschen auch auf dem Sektor der Seniorenbetreuung und -bespaßung keine Grenzen gesetzt sind. Dazu später mehr.

Wir haben am Beispiel von China gesehen, dass mit einer alternden Gesellschaft tatsächlich viele neue Märkte entstehen und sich interessante neue Perspektiven zur Veränderung von Strukturen auftun. Am Konsumverhalten der japanischen Bevölkerung hingegen ist jedoch auch deutlich geworden, dass nicht jede Gesellschaft diese Chancen nutzen kann, um sich auf die veränderte Situation einzustellen.

Mit anderen Worten: Wenn Sie etwas für unsere Gesellschaft tun wollen, ziehen Sie doch einfach durch die Fußgängerzone und trällern Sie, ganz im Sinne Herbert Grönemeyers, »Ich kauf mir was, kaufen macht so viel Spaß«. So sorgen Sie mächtig für den wirtschaftlichen Aufschwung, und laut Statistik haben Sie ja Geld!

Auch wenn das für künftige alte Generationen vielleicht anders aussehen mag, wenn wir bedenken, dass Wissenschaftler wegen steigender Preise, geringer Rentenanpassung und einem wachsenden Niedriglohnsektor zu Recht vor zunehmender Altersarmut warnen.

Viele Wirtschaftszweige haben die Herausforderung, die eine alternde Gesellschaft an sie stellt, bereits angenommen. Schon jetzt wird versucht, den Älteren alles recht zu machen, damit sie bloß weiter am Leben teilnehmen und auch ordentlich was kaufen. Reisen mit ärztlicher Begleitung, Sport unter medizinischer Aufsicht, Kultur- und Bildungsangebote speziell für »Best Ager«, und im Kino gibt's statt Cola und Popcorn Wein und Käse. Alles scheint möglich.

So haben Stadtplaner in New York erkannt, dass man auf die Bedürfnisse der »Alten« eingehen muss, um sie in der Stadt zu halten und deren Geldbeutel zu plündern. Ampelschaltungen wurden an strategischen Stellen verlängert, damit man auch mit dem Rollator noch über die Straße kommt, bevor die Autos wieder rollen. Denn glaubt man einem Bericht der *New York Times*, dann wollen ältere Menschen nicht so sehr komfortable Altersheime, sondern eher eine Gegend mit netten Leuten und kleinen Läden. Deshalb wurden extra gelbe Busse gechartert, die Senioren auf Einkaufstour befördern, in Läden und an Bürgersteigen sollen Sitzstangen zum Ausruhen montiert werden, und in Zukunft sind auch Zertifikate wie »seniorenfreundlicher Laden« denkbar. Geschäfte mit besserer Beleuchtung, Restaurants mit Speisekarten in Großschrift gibt es eh schon. Es will ja sowieso keiner mehr ins Heim!

Der überwiegende Teil der Menschen will in den eigenen vier Wänden wohnen bleiben, laut Altenbericht der Bundesregierung tun das auch 93 Prozent der über 65-Jährigen. Manchmal mit Unterstützung von Sicherheits- und

Überwachungskonzepten und mit der technischen Hilfe von Notrufknöpfen.

Doch es wird auch immer mehr andere Wohnmodelle geben. Forscher beziffern die Einsparung an Pflegekosten durch nachbarschaftliche Wohnformen auf bis zu dreißig Prozent. Prima, oder? Und wo ich gerade dabei bin: Ich werde mir nicht einreden lassen, ich sei teuer, nur weil ich alt werde. Denn die Gleichung alt = krank scheint nicht aufzugehen. Krankenkassen haben nämlich errechnet, dass die höchsten Kosten lange vor dem Lebensende entstehen. Egal ob mit 25, 50 oder 75. Die Kosten nehmen also in einer älter werdenden Gesellschaft nicht automatisch zu. Sie verlagern sich nach hinten

Obwohl viele das gerne hätten, lässt sich *der* alte Mensch sowieso nicht so einfach herbeidefinieren. Alte Junggebliebene sind nicht mehr nur konservativ und sparsam, sondern auch aktiv und lebenslustig. Deshalb sind Angebote wie in Belgien, wo ältere Menschen sich auf Gemeindekosten zum Einkaufen und zur Bank fahren lassen können, nur gering nachgefragt. Mag sein, dass das Eingeständnis, nicht mehr so mobil und eigenständig zu sein, für kein gutes Selbstwertgefühl sorgt und daher auf Hilfe von Außenstehenden eher verzichtet wird. Vielleicht ist das ja auch nicht so verwunderlich, denn Dienstleistungen rund um das Alter sind oft noch fast ausschließlich die Sache von Sozialeinrichtungen. Und die Hemmschwelle, solche Dienste anzunehmen, ist eben eher groß.

Andererseits wissen viele ältere Menschen aber auch zu wenig über Produkte und Dienstleistungen, die speziell auf sie zugeschnitten sind. Und Herstellerfirmen und

Einzelhändler tun noch zu wenig, um Senioren als Konsumenten zu gewinnen. Seniorengerechte Artikel haben Großhändler oft nicht im Programm, sie sind dann nur im Spezialhandel zu haben und natürlich dementsprechend teurer.

Überlegen sie doch mal, wo grauhaarige Menschen in der Werbung vorkommen. Mir fällt spontan nur »weniger müssen müssen« ein, wo das Alter dann eben doch wieder auf den Krankheitsaspekt reduziert wird. Es ist aber auch schwer: Mit uns als Zielgruppe muss man aber auch so was von sensibel umgehen. Denn über das Altwerden sollte in der Werbung zwar nicht gesprochen werden, aber trotzdem muss man die Zielgruppe ständig im Blick behalten. Doch die meisten Unternehmen haben eben Angst, dass ihre Marke in der öffentlichen Wahrnehmung »altert«, und so testen und forschen sie erst einmal im Verborgenen.

Rollator mit GPS – Kurioses aus der Forschung

Da keiner so genau weiß, wie die Alten morgen eigentlich so ticken, gibt es jede Menge Forschungsbedarf. Denn was früher galt, muss heute längst nicht mehr gelten, zum Beispiel, dass alte Leute keine Pop-Musik hören. Denn mal ehrlich: Wenn ich mit fast fünfzig die Red Hot Chilli Peppers mag, warum sollte ich dann mit siebzig plötzlich zu Hansi Hinterseer überlaufen? Genau! Es gibt keinen Grund!

Die Wirtschaftswunder-Alten haben sich mit Feinripp

noch an ihre Großeltern angepasst. Das wird uns nicht mehr passieren (obwohl es immer noch Feinripp gibt!). Wie aber sollen Produkte für uns Alte aussehen? Diese Frage stellt sich umso mehr, als sich in den Werbeagenturen die Jungen tummeln, die natürlich ihre eigene Lebenswelt vortrefflich abbilden, uns nahezu Vergreiste aber doch eher links liegen lassen. Wir, die wir »young at heart« sind – auch so ein Versuch, den Begriff »alt« so zu umschreiben, dass man doch noch etwas Positives damit anfangen kann (Ich als Fußballfan fand auch den Begriff »Meister der Herzen« immer doof. Ist eben nicht deutscher Meister. Fertig.).

Vielleicht entwirft Joop also demnächst eine Nierenwärmer-Kollektion, oder H&M eine Senior Premium Line. Sicher ist jedenfalls, dass bei einigen Unternehmen da so einiges in der Pipeline ist.

Schon schwärmen Trend-Scouts durch das Land, um zu erkunden, wie Alt denn so drauf ist. Und was finden sie? Einen Supermarkt in Österreich, in dem Lupen an den Regalen hängen. Denn auch, wenn Sie dieses Buch noch ohne Probleme lesen können, die Presbyopie wartet schon, um Sie mitzunehmen in das Reich der Brillenverleger und Bändchenbrillen. Die Alterssichtigkeit – was für ein Begriff –, besser hieße es Altersundurchsichtigkeit, bei dem Buchstabenbrei, den ich ohne Brille vor mir habe, – beginnt ab 45 und schlägt meist erbarmungslos zu. Und tatsächlich, immer wenn ich meine »Lesebrille« mal wieder vergessen habe und im Supermarkt etwas Kleingedrucktes lesen will, denke ich: »Mensch, wenn ich mir jetzt eine Brille leihen könnte.« Aber zum Einkaufen extra nach Österreich zu fahren, ist mir natürlich ein wenig zu weit.

Was gibt es sonst noch auf dem Seniorenmarkt: Stylische Schuhe, in die man ohne Bücken schlüpfen kann, gehören dazu, aber auch ovale Knöpfe, die man auch mit zittrigen Fingern noch knöpfen kann.

Am Massachusetts Institut of Technology bastelt man an einem Auto herum, das das Verhalten des Fahrers ständig beobachtet und dann per Botschaft korrigiert, zum Beispiel bei zu hohem Tempo oder eintretender Dämmerung. Es erscheinen Textnachrichten auf der Windschutzscheibe. Auch der Blutdruck des Fahrers wird im sogenannten Aware Car gemessen. Sollte der zu hoch sein, bremst das Auto selber ab. Im Falle eines Herzinfarktes wird die Steuerung sogar komplett vom System übernommen.

Ist das aber jetzt eine Hilfe oder eher ein erhobener Zeigefinger? Wer würde schon freiwillig zugeben, dass er kurz vorm Herzinfarkt noch in ein Auto steigt? Das Angebot scheint sich doch eher an besorgte Angehörige zu richten. »Guck mal Opa, deine Enkel haben dir ein Auto gekauft, das auf dich aufpasst.«

Wollen Sie so etwas wirklich? Und wenn ja, zu welchem Zeitpunkt würde Sie sich zum Kauf entschließen? Sehen Sie, darauf gibt es keine wirklich gute Antwort. Aber Tatsache ist, nur sportlich reicht irgendwann nicht mehr. Der schicke Flitzer, um ans Meer zu fahren, soll bleiben, aber durch kleine altersgerechte Umbauten an die Bedürfnisse des Fahrers angepasst werden. Auch andere Firmen wie BMW haben erkannt, dass Umdenken nottut. Wenn ab 2020 ein Viertel der Kundschaft über sechzig ist, dann muss auch das Auto dementsprechend funktionieren. Das *Head-up-Display* in der Scheibe ist so eine Neuerung, die verhindern soll, dass man zu oft nach unten blickt.

Ein Team aus Wissenschaftlern aus verschiedenen Fachrichtungen macht sich Gedanken über zugebaute Mittelkonsolen in Autos, die verhindern sollen, dass der betagte Fahrer kurz auf die andere Seite rutscht, wenn die Fahrertür mal nicht zu öffnen ist. Um den optimalen Sitz konstruieren zu können, werden die Kunden intensiv vermessen. Die Hüften der Fahrer sind zum Beispiel in unterschiedlichen Ländern unterschiedlich beweglich. Ja, ja, auch in diesem Bereich müssen kulturelle Besonderheiten berücksichtigt werden.

Und das ist längst noch nicht alles, was uns das Kuriositätenkabinett des Doktor Alzheimer zu bieten hat. Hier ein paar besonders schöne Beispiele:

- Das Pill Pet, eine Art Tamagotchi für Alte, erinnert seinen Besitzer an die Einnahme von Medikamenten und an ausreichend Zufuhr von Flüssigkeit. Ignoriert der Besitzer das kleine Plastiktierchen, wird es ungehalten.
- Ein Shopping Assistant auf dem Handy gleicht die Inhaltsstoffe von Lebensmitteln mit den gesundheitlichen Bedürfnissen des Benutzers ab und prüft die Verträglichkeit.
- Ein motorisiertes Fahrrad, das nicht umfällt, obwohl es keine Stützräder hat. Sensoren messen die Gewichtsverlagerungen und steuern die nötigen Ausgleichsbewegungen.

- Intelligente Navigationssysteme für Senioren, zum Beispiel am Rollator, helfen dem Senior, den Weg in den Speisesaal zu finden.
- Ein Armband misst ständig die Vitaldaten des Trägers, wie Puls, Blutdruck und Temperatur und leitet sie an eine Servicezentrale weiter. In Notfällen kann der Träger per GPS geortet werden, und die Daten können Ärzten direkt zur Verfügung gestellt werden.
- Ein Sensorteppich kann in Notfällen die Feuerwehr alarmieren oder auch das Licht einschalten, wenn der Besitzer nachts aufsteht. Verlässt der Besitzer die Wohnung und schließt er die Tür, werden alle potentiell gefährlichen Geräte automatisch ausgeschaltet.
- Ein Überwachungssystem für Wohnungen, Büros oder auch Altenheime kann den Träger einer Karte jederzeit orten. Auf externen Kontrollmonitoren werden die Träger als Punkte beobachtet, bei Stillstand wird Alarm ausgelöst.
- Mit Pedalen versehene Fernsehsessel dienen als Sportgerät, das auf unterschiedliche Art und Weise das Muskeltraining unterstützt. Eine sprechende Waage begrüßt und verabschiedet den Besitzer und gibt ohne jegliche Wertung die Pfunde durch.
- Die Porzellanserie Unisono zeichnet sich durch einen unauffällig gewölbten Innenrand aus. Dieser soll dabei helfen, das Essen sicher aufs Besteck zu befördern, die Becher haben größere Henkel.
- Ein vernetztes Badezimmer erkennt den jeweiligen Benutzer und verändert automatisch die Höhe von Waschbecken und Toilette. Im Badezimmerspiegel leuchten

Symbole auf, die an die Einhaltung der Körperhygiene und die Medikamenteneinnahme erinnern.

Ist das alles Science-Fiction? Klingt doch ein wenig so. Jedenfalls klingt es nicht nach Oma und Opa. Nach Aussagen von Wissenschaftlern sollen einige dieser Innovationen in wenigen Jahren ganz selbstverständlich zum Alltag gehören, wenn denn so wichtige Fragen wie auch der Datenschutz geklärt sind.

Viele dieser Techniken existieren schließlich bereits, die Herausforderung ist, die einzelnen Lösungen aufeinander abzustimmen und dann auch marktreif zu machen. Und an diesem Punkt wird es sich vermutlich entscheiden. Denn was hochtechnisiert ist, verursacht auch einiges an Kosten und die werden – da braucht man kein Prophet zu sein – von den Krankenkassen sicher nicht übernommen.

Der Designer Matthias Knigge spricht einen anderen Aspekt an, der die Vermarktung von Produkten, wie sie oben vorgestellt wurden, schwierig machen wird: » Es steckt tief in uns drin, dass wir unsere eigene Vergänglichkeit und den Abbau von Fähigkeiten nicht gern thematisieren. Alte Menschen wollen nicht zeigen, was sie nicht mehr leisten können.« Das haben Sie doch sicher auch sofort gedacht, als sie die Angebote aus dem heiteren Innovationskatalog gelesen haben, oder?

Also gibt es doch auch in diesem Punkt nur einen Schluss: Sorgen Sie dafür, dass Ihre Fähigkeiten gar nicht erst so weit nachlassen. Die Chance dazu haben Sie. Wie

Sie das tun können, dazu haben Sie in diesem Buch sicher einige Anregungen gefunden.

Vielleicht ist es ja auch gar nicht nötig, spezielle Produkte für Alte auf den Markt zu bringen. So ist ein Messbecher, der von oben abzulesen und einhändig zu benutzen ist, auch für die Mutter hilfreich, die ihr Kind auf dem Arm hat, oder für den Teenie mit gebrochenem Arm oder eben für den Senior nach dem Schlaganfall. Alltagsgegenstände auf eine Art neu zu erfinden, von der alle profitieren können und eben nicht nur die Alten, diese Art des »Universal Designs« ist die Herausforderung für die Zukunft.

So könnte man auch vorausschauend planen. Ein barrierefreies Bad wird man mit vierzig nicht einrichten, aber eine schicke Holzbank in der Dusche kann heute als Ablage und Hingucker fungieren und wird morgen zum Duschsitz.

Tipp:

In den westlichen Ländern ist es immer noch so, dass der Umgang mit der älteren Generation auf einem schmalen Grat zwischen Respekt und Ignoranz verläuft. Das könnte doch auch ganz anders sein.

Haben Sie früher nicht auch begeistert Winnetou-Filme geschaut und waren beeindruckt, wenn die Häuptlinge sich trafen, um wichtige Entscheidungen zu treffen? Wenn dann die Stammesältesten so ganz selbstverständlich dabeisaßen, sogar einen eigenen Rat bildeten und mit in die Geschicke ihres Volkes eingriffen? Und alle lauschten den Ausführungen der zerknitterten Fraktion schweigend und mit Wohlwollen?

Aber heute sieht das alles ganz anders aus. Heute werden Sie als Großeltern nur noch dazugeholt, wenn noch etwas Geld zur Finanzierung von Geschenken fehlt. Oder wenn die Eltern mal wieder ins Kino gehen wollen und kein Babysitter Zeit hatte. Wäre es nicht nett, auch von den eigenen Kindern mal den Satz zu hören: »Was hältst du denn davon?«

Bei den indigenen Völkern, wie zum Beispiel den Indianern in Nord- und Südamerika und den Aborigines in Australien, findet so etwas noch statt. Die Ältesten genießen Respekt und Ansehen und haben in früheren Zeiten sogar über Krieg und Frieden entschieden.

Im Generationen-Netzwerk für Deutschland wird darüber wieder nachgedacht. Denn im Gegensatz zur allgemeinen Tendenz in unserer Zeit verlieren die Menschen hier nicht ihre Bedeutung, wenn sie alt werden. Sie nehmen ganz selbstverständlich an Arbeiten und Festen teil und werden sogar als Schlichter in Streitfragen eingesetzt. Die Weisheit und Erfahrung dieser Familienmitglieder wird geschätzt, und es werden nicht ihre Defizite hervorgehoben.

So ist es auch in China, wo jeder Geburtstag ein Meilenstein auf dem Weg zur Weisheit ist, oder bei vielen afrikanischen Völkern, bei denen der Mensch an Wichtigkeit gewinnt, je älter er wird. Das wäre doch sicher auch was für Sie. Richten Sie doch einen Familienrat ein, wenn etwas Entscheidendes besprochen werden muss. Vielleicht wird das dann in späteren Jahren zur Selbst-

verständlichkeit, und Ihre Einladung in die Familie Ih-
rer Kinder ist jetzt schon perfekt – als Stammesältester.
Das geht übrigens auch ohne Federschmuck und Len-
denschurz.

Kapitel 10

Wenn der Wecker nicht mehr klingelt –
Über den Schlaf im Alter

Sie befinden sich gerade noch in Ihrem morgendlichen Halbschlaf und hören aus der Ferne, womöglich aus der Nachbarwohnung, einen schrillen Laut – es ist ein Wecker? Dreimal schrecken Sie unnötigerweise hoch, dann legen Sie sich in aller Ruhe wieder hin, und Ihnen wird bewusst, dass Sie gar nicht aufstehen müssen – Sie sind der Herr Ihres Tages. Aber vielleicht wollen Sie ja auch gar nicht mehr bis in den späten Vormittag schlafen, weil der Tag viel zu schön ist, um ihn zu verschlafen. Wie lange und wie viel Sie auch immer schlafen wollen, der große Vorzug im Rentenalter ist doch eigentlich, dass Sie sich selber aussuchen können, wann Sie aufstehen oder wie lange Sie noch liegen bleiben.

Dennoch klagen ältere Menschen oft darüber, dass sie nachts nicht mehr gut schlafen und/oder viel zu früh aufwachen. Solange es sich dabei nicht um eine Schlafstörung handelt, ist die Erklärung für das frühe Aufstehen meist darin zu suchen, dass viele Ältere schon sehr früh zu Bett gehen und dadurch eben bereits im Morgengrauen ausgeschlafen sind. Manche von ihnen halten vielleicht stattdessen tagsüber ausgiebige Nickerchen, sodass sie schon ausgeschlafen ins Bett gehen. Wie Studien beweisen, nimmt das Schlafbedürfnis mit zunehmendem Alter tatsächlich ein wenig ab. Dies unterstreicht auch eine Studie aus dem Jahr 2010 der University of Surrey in England. Den Ergebnissen zufolge schlafen gesunde 66- bis 83-Jährige im Schnitt zwanzig Minuten weniger als 40- bis 55-Jährige. Die letztgenannte Gruppe schläft wiederum etwa 23 Minuten weniger als Zwanzig- bis Dreißigjährige. Im Vergleich benötigen die Ältesten damit durchschnittlich sechseinhalb Stunden Schlaf, wohingegen die jüngsten Probanden 7,25 Stunden Schlaf benötigen.

Gewiss ist, dass insbesondere der Anteil des Tiefschlafs bei Älteren abzunehmen scheint, so die Forschergruppe um Derk-Jan Dijk. Doch obwohl die Ältesten unter den 110 Probanden nachts deutlich häufiger aufwachten, klagten sie nicht über vermehrte Müdigkeit während des Tages. Senile Bettflucht muss also nicht sein!

Um die Müdigkeit während des Tages zu überprüfen, wurden die Teilnehmer gebeten, sich in angenehmer Position auf ein Bett zu legen, dann sollten sie versuchen einzuschlafen. Die jüngeren Versuchsteilnehmer benötigten hierzu im Durchschnitt etwa neun Minuten, wohingegen die Älteren erst nach etwa 14 Minuten einschlafen konnten.

Wenn Sie jedoch das Gefühl haben, tatsächlich unter einer Schlafstörung zu leiden, könnte dies womöglich einfach auf Ihr vermindertes Schlafbedürfnis zurückzuführen sein, was der Studie zufolge vielen gar nicht bewusst ist. Bevor Sie also zukünftig versuchen, sich jedes Mal zum

Schlafen zu zwingen, probieren Sie es doch zunächst einmal mit einer Schlafbegrenzung. Denn das individuelle Schlafbedürfnis ist von Mensch zu Mensch ganz unterschiedlich.

Als mögliche Ursache für das nachlassende Schlafbedürfnis werden Veränderungen der Sexualhormone oder auch Hirnveränderungen angenommen. Kurzer Schlaf muss nicht zwangsläufig schlecht sein. Er sollte jedoch lang genug dauern, dass Sie sich über einen Großteil der Zeit des Tages ausgeschlafen und »frisch« fühlen. Denn ausreichender Schlaf ist natürlich wichtig für unsere Regeneration und somit auch für unsere Gesundheit.

»Schlaff werden« – Was genau ist eigentlich der Schlaf?

»Sage mir, wie viel du arbeitest, und ich sage dir, wie viel du schläfst.« So lautet das Fazit einer Studie von US-Wissenschaftlern an der University of Pennsylvania, die sich mit dem Einfluss der Arbeitszeit auf die Schlafdauer beschäftigt haben. So scheinen Personen, die überdurchschnittlich lange arbeiten oder viele Überstunden im Büro machen, sowohl weniger als auch wesentlich schlechter zu schlafen als Non-Workaholics. Es fehlte die für die Erholung so wichtige Zeit im eigenen Bett.

In Telefoninterviews wollten die Forscher von den Probanden wissen, wie sie ihre Zeit zwischen vier Uhr morgens am Vortag bis vier Uhr morgens am Interviewtag verbracht hatten. Das Ergebnis der Studie an 47 731 Erwachsenen, die über Telefoninterviews während eines

Zeitraums von drei Jahren begleitet wurden, zeigt, dass Personen, die maximal viereinhalb Stunden schlafen, im Durchschnitt auch länger arbeiten: an jedem Wochentag etwa 93 Minuten und am Wochenende sogar 118 Minuten.

Die gute Nachricht für uns: Im Alter lässt sowohl der Arbeitseifer als auch die Arbeitsdauer (wenn man überhaupt noch berufstätig sein sollte) meist gewaltig nach. Der Chef sitzt einem nicht mehr ständig im Nacken, die Verantwortung wird bestenfalls nicht mehr alleine getragen und die freie Zeit entsprechend bewusster genutzt. Im Gegensatz zu Workaholics kommen ältere Menschen meist nicht erst spät nach Hause und können auch dementsprechend früher einschlafen.

Viel Stress begünstigt nämlich die Entwicklung von Schlafstörungen – das Abschalten nach der Arbeit bzw. das Umschalten von der Arbeit zur Freizeit benötigt Zeit, die Sie nun haben und andere gerne hätten. Kurzschläfer sind meist auch dazu geneigt, schneller zu essen und zu trinken und häufiger die Glotze einzuschalten, was natürlich alles nicht gerade zu einem gesünderen Lebensstil beiträgt.

Wenn Sie nun wiederum denken, ich schlafe auch zu wenig, machen Sie sich keine unnötigen Sorgen, denn auch zu viel Schlaf kann das Wohlbefinden und unsere Gesundheit beeinträchtigen. In der Regel scheint daher nach Angaben von Jürgen Zulley, dem Leiter des Schlafmedizinischen Zentrums der Universität Regensburg, eine mittlere Schlafdauer von sieben Stunden das Optimum darzustellen.

Dabei scheint aber auch der Zeitpunkt für das Zubettgehen eine wesentliche Rolle zu spielen. So hat eine amerikanische Studie an knapp 16 000 Jugendlichen aufzeigen können, was Psychologen schon länger vermutet haben: Zeitiges Schlafengehen kann sogar vor Depressionen schützen.

Hierzu erfragten die Forscher der Columbia University New York bei Jugendlichen und ihren Eltern die Schlafgewohnheiten und die psychischen Probleme wie Depressionen oder Selbstmordgedanken. Die Ergebnisse der Auswertung zeigten, dass 24 Prozent der Jugendlichen häufiger mit Depressionen zu kämpfen hatten, wenn sie sich erst nach Mitternacht schlafen legten und nicht wie ihre Altersgenossen bis spätestens 22 Uhr zu Bett gingen. Auch die Rate der Jugendlichen mit Selbstmordgedanken war um zwanzig Prozent höher als bei Jugendlichen, deren Nachtruhe um 22 Uhr begann, wie James Gangwisch und seine Kollegen herausfanden.

Diejenigen Studienteilnehmer, die nach eigenen Angaben regelmäßig fünf oder weniger Stunden pro Nacht schliefen, wiesen ein um 71 Prozent erhöhtes Risiko für eine Depression und eine um 48 Prozent höhere Anfälligkeit für Suizidgedanken auf als Acht-Stunden-Schläfer.

Gibt es bestimmte Mechanismen, die diese Wechselwirkung von Schlafmangel und Depressionen erklären können? Als Hauptgrund für die psychischen Beeinträchtigungen, die sich als Folge von mangelndem Schlaf einstellen, könnte die unterschwellige Müdigkeit sein, die die Stressbewältigung erschwert. Sie wirkt sich zudem negativ auf den Umgang mit Freunden aus. Außerdem leiden

Urteilsvermögen und Konzentrationsfähigkeit bei chronischem Schlafmangel.

Das Wort »Schlaf« hat seinen Ursprung im Indogermanischen und geht auf die Wurzel [s]lab zurück, die »schlapp« bedeutet. Das mittelhochdeutsche sla[f]fan spiegelt dies noch, es bedeutet »schlapp, matt werden«.

Im Gegensatz zum wachen Zustand weisen wir im Schlaf eine sehr geringe motorische Aktivität und Reaktionsbereitschaft auf – so wird der Schlaf oft definiert. Fest steht, dass sich der Schlaf dadurch auszeichnet, dass Körperfunktionen und Hormonproduktion herabgesetzt sind. Dies spiegelt sich in einem gesenkten Blutdruck, einer ruhigen Herzfrequenz und einer niedrigeren Körpertemperatur. Während des Einschlafens kommt es zu einer Veränderung unseres vegetativen Nervensystems. Unsere Herzfrequenz und ebenso unser Herzzeitvolumen, also die Menge an Blut, welche das Herz pro Minute auswirft, nimmt durch die verschiedenen Schlafphasen hindurch kontinuierlich ab. Außerdem verringert sich unser peripherer Gefäßwiderstand, die Gefäße erweitern sich aufgrund der muskulären Entspannung, sodass auch der Blutdruck sinkt. Warum das so ist, wurde jedoch noch nicht eindeutig geklärt.

Der Wechsel von Schlaf und Wachsein wird durch den Körper selbst reguliert (die sogenannte Homöostase) und folgt einem sogenannten zirkadianen Rhythmus, der etwa 24 Stunden umfasst und der unsere innere Uhr steuert. Die innere Uhr ist also im Wesentlichen für einen regelmäßigen Wach-/Schlafrhythmus verantwortlich und stellt sich jeden Tag aufs Neue entsprechend der Helligkeitseinflüsse ein. Sie ist auch für unseren Hormonhaushalt von großer

Bedeutung, der dann wiederum unser individuelles Schlafbedürfnis regelt. Eines der bekanntesten Phänomene, das
sich einstellt, wenn dieser synchrone zirkadiane Rhythmus kurzfristig durchbrochen wird, ist wahrscheinlich der
Jetlag.

Der Verlauf des Schlafes wird neurophysiologisch ge-
steuert. Der Schlaf unterliegt dabei einer gewissen Regelmäßigkeit, in der sich verschiedene Schlafphasen abwechseln. Zu Aufrechterhaltung dieses Rhythmus variieren
funktionelle Systeme des Gehirns die Schlaftiefe in zeitlichen Abständen.

Während des »gesunden Schlafes« beginnen sich Ner-
venzellenverbände zu synchronisieren, ihre Aktionspo-
tentiale »feuern« dann in einem gemeinsamen Takt. Durch
das Ableiten elektrischer Ströme mittels einer Elektroen-
zephalografie (EEG) können diese verschiedenen Rhythmen gemessen und sichtbar gemacht werden.

Je nach Schlaftiefe lässt sich der Schlaf in verschiedene
Stadien einteilen, von denen jedes ein charakteristisches
Muster besitzt. Nach Frequenz und Amplitude der »inne-
ren Rhythmen« werden folgende Stadien unterschieden:

- Schlafphase S I: Übergang zwischen Wachsein und
  Schlaf
- Schlafphase S II: stabiler Schlaf
- Schlafphase S III: Tiefschlaf
- REM-Schlafphase: Rapid-Eye-Movement, intensive
  Traumphase mit größter Traumerinnerungsquote

Dieser Zyklus wird individuell unterschiedlich oft durchlaufen (~ vier- bis siebenmal) und dauert im Mittel 90 bis 110 Minuten. Dabei nehmen die Tiefschlafphasen allmählich zeitlich ab, während die REM-Phasen zunehmen. Das Stadium III wird im späteren Verlauf der Nacht kaum oder gar nicht mehr erreicht. Der Schlaf älterer Menschen weist das Stadium III sehr oft gar nicht mehr auf. Auch das Schlafmuster als solches ändert sich mit zunehmendem Alter. Da wir im Alter nachts weniger lange tief schlafen, sollten wir stattdessen öfter am Tag noch einmal ein Nickerchen halten, das uns wieder frisch und leistungsstark macht. Der Schlafforscher Jürgen Zulley erklärt, dass der Mittagsschlaf unserem natürlichen Bedürfnis nach Ruhe entspricht.

Gerade in unserer Zeit ist die Reizüberflutung des Gehirns dafür verantwortlich, dass wir mittags in ein tiefes Loch fallen. Das Gehirn ist regelrecht übersättigt, und es signalisiert den Wunsch nach Ruhe. Eine halbe Stunde kurz wegnicken ist wie Balsam für das Gehirn und lässt uns wieder frisch werden. Viel länger sollte der Schlaf aber nicht dauern.

Tipp:

Der perfekte Wecker ist eine Tasse Kaffee vor dem Nickerchen. Das Koffein wirkt erst nach dreißig Minuten und stört so nicht beim Einschlafen, macht aber pünktlich wieder wach.

Anders als Erwachsene schlafen Säuglinge in vergleichsweise kleinen Portionen den ganzen Tag über. Bei Erwachsenen konzentriert sich der Schlaf dagegen auf eine Kernzeit, die meist auf die Nacht fällt.

Der Schlafzyklus setzt sich auch in der Wachphase fort und führt zu Phasen wechselnder Leistungsbereitschaft (Ultradiane Rhythmik), die sich zum Beispiel in Form von Schläfrigkeitsgefühlen am Tage widerspiegeln können.

Während der Schlafende in den Tiefschlafphasen in der Regel sehr viel schwerer aufzuwecken ist, wird er gegen Ende des Schlafes von selber wach, üblicherweise nach etwa sechs bis sieben Stunden, wenn sich die Schlafphasen in immer kürzeren Abständen abwechseln.

Die – individuellen Schwankungen unterworfene – »optimale« tägliche Menge an Schlaf für den Menschen sowie seine Verteilung über den Tag ist allerdings auch in der Wissenschaft umstritten.

Nachdem lange die negativen Folgen von Schlafmangel im Mittelpunkt der Forschung standen, geraten in letzter Zeit zunehmend die offenbar ebenfalls unliebsamen Folgen von zu viel Schlaf ins Blickfeld. Dabei scheint sich – nach großen Studien in den USA und in Japan – herauszukristallisieren, dass die oft für Erwachsene genannten »acht Stunden am Tag« schon zu lang sein können und das Optimum eher zwischen sechs und sieben Stunden liegt, was auch der Durchschnitts-Schlafzeit in Deutschland entspricht (6 Stunden 59 Minuten sind es einer an der Universität Regensburg durchgeführten Studie zufolge). Studien der Universitäten von Warwick und London kamen zum gleichen Ergebnis.

Das Schlafbedürfnis ist von Mensch zu Mensch sehr verschieden. Per Definition sind Menschen, die im Laufe eines 24-Stunden-Tages länger oder kürzer als der alterstypische Durchschnitt schlafen und sich durch den Schlaf erholt fühlen, also entweder Lang- oder Kurzschläfer. Wichtig bei der Betrachtung des Schlafbedarfs ist, dass alle Schlafphasen, also auch das Nickerchen am Mittag, mit berücksichtigt werden.

Tipp:

– *Als Langschläfer wird bezeichnet, wer während eines Tages mehr als zehn Stunden Schlaf benötigt.*
– *Kurzschläfer sind hingegen Personen, die mit nur fünf Stunden Schlaf oder weniger auskommen.*

Ob Sie eher ein Lang- oder Kurzschläfer werden, entscheidet sich meist bereits im Kindes- oder Jugendalter und verändert sich dann lebenslang nicht mehr.

Häufig werden Schlafstörungen schon dadurch ausgelöst, dass ein Langschläfer versucht oder gezwungen wird, über längere Zeit mit weniger Schlafenszeit auszukommen oder der Kurzschläfer die Dauer seines Schlafes durch externe Mittel (zentralwirksame Substanzen) erhöhen möchte. Dabei ist auffällig, dass Kurzschläfer seltener ärztlichen Rat in Anspruch nehmen, da es eher die Langschläfer sind, die unter einem Schlafmangel während des Alltags leiden. – Sie gehen unter der Woche ein Schlafdefizit ein und versuchen dies am Wochenende auszugleichen. Zur Diagnostik wird sowohl die Tagesmüdigkeit und

-schläfrigkeit als auch Berichte über nicht-erholsamen Schlaf herangezogen. Also auch hier gute Nachrichten für uns Ältere: Die alltäglichen Verpflichtungen, die uns womöglich zu früh aus unserem so wichtigen Schlaf reißen, nehmen ab.

Schaukeln Sie sich in den Tiefschlaf –
Bedingungen für einen erholsamen Schlaf

Wie kommt es, dass manch einer von uns beim kleinsten Geräusch sofort wach ist und ein anderer selbst von einem Presslufthammer nicht aus dem Schlaf gerissen werden kann?

US-Forschern vom Massachusetts General Hospital ist es gelungen aufzuzeigen, dass hierfür die sogenannten Alpha-Wellen in unserem Gehirn verantwortlich sind: Je stärker diese Alpha-Wellen in Erscheinung treten (ausgenommen in der REM-Schlafphase), desto schlechter kann unser Gehirn externe (störende) Reize, wie zum Beispiel Geräusche, ausblenden. Aufgrund dieser Erkenntnis hofft man in der Zukunft »Schlafmittel« entwickeln zu können, die uns nicht wie herkömmliche Medikamente regelrecht betäuben, sondern lediglich unsere Schlafqualität verbessern.

Eine weitere interessante Untersuchung aus dem Jahr 2011 an der Universität Genf untersuchte die Frage, wo und wie wir schlafen. So soll das Schaukeln in Hängematten unsere Schlafqualität verbessern können, ganz ähnlich, wie dies auch bei Babys beobachtet wird, die sich schneller beruhigen, wenn sie geschaukelt werden. An zwölf männlichen Testpersonen konnte dies mithilfe einer Messung der Oszillationen der Hirnströme bestätigt werden.

Obwohl die Probanden normalerweise keinen Mittagsschlaf hielten, sollten sie zweimal für eine Dreiviertelstunde am frühen Nachmittag ein kurzes Nickerchen auf einer Hängematte machen. Dabei wurde die Hängematte einmal fixiert und einmal mit 0,25 Hertz hin- und hergeschwungen, wobei verschiedene Schlafparameter und die Hirnströme dokumentiert wurden.

Der überraschende Effekt: Obwohl nur acht der erfassten zehn Teilnehmer das Schlafen in der Hängematte auch subjektiv als angenehmer beschrieben, konnte bei allen derselbe Effekt nachgewiesen werden: Die Teilnehmer schliefen auf der schaukelnden Hängematte deutlich schneller ein als auf der fixierten, sie schliefen tiefer, und der Schlaf wurde als erholsamer empfunden. Die Phase des leichten Schlafs wurde durch das Schaukeln deutlich verringert, da es zu einem gehäuften Auftreten von sogenannten Schlafspindeln kam, die entscheidend zu einer verbesserten Stabilität des Schlafes beitragen sollen. Die Gefahr, bereits bei leisen Geräuschen aufzuwachen, wird dadurch deutlich verringert.

Allerdings wurde nicht erforscht, ob sich dieser positive Effekt auch auf eine ganze Nacht übertragen lässt und wie er genau zustande kommt. Man geht aber davon aus, dass die rhythmischen Signale, die über die Hängematte auf unsere Sinnesorgane und das Gleichgewichtsorgan übertragen werden, die für die Schlafsteuerung zuständigen Areale im Gehirn positiv anregen. Es wird auch vermutet, dass diese Impulse mit unseren Nervenzellen in Netzwerken mehr oder weniger im Gleichklang schwingen und damit unseren internen Schlafrhythmus festigen.

Unklar ist, ob diese Erkenntnisse auch auf andere Gruppen übertragbar sind, besonders wenn eine Beeinträchtigung des Gleichgewichtssinns vorliegt, wie dies bei älteren Personen der Fall sein kann. Der Einsatz von schaukelnden Bewegungen ist jedoch sicherlich eine interessante und vor allem nebenwirkungsfreie Methode, um zum Beispiel für einen erholsamen kurzen Mittagsschlaf zu sorgen, der uns dann auch eine erholtere zweite Tageshälfte garantiert.

Schlafend runderneuert –
Warum guter Schlaf das Leben verlängert

Schlaf ist gerade im höheren Alter deshalb so wichtig für uns, weil er eine ganz besondere Art der Ruhephase darstellt. Aktivität und Ruhephasen wechseln sich ständig ab. Dies gilt nicht nur für den Menschen, sondern für beinahe alle Lebensformen. Doch nicht alle Lebensformen verfügen auch über so etwas wie Schlaf oder schlafähnliche Phasen. Abgesehen vom Menschen findet man diese Art der Ruhephase nur noch bei den Vögeln und den Säugetieren.

Aus evolutionsbiologischer Sicht muss der Schlaf von sehr großem Vorteil gewesen sein. Denn nach der Phase der Ruhe und Erholung sind die Kräfte im wahrsten Sinne des Wortes wieder aufgetankt, und es kann auf eine erneuerte, volle Leistungsfähigkeit zurückgegriffen werden.

Der Schlaf ist aus physiologischer und neurologischer Sicht eine Art Paradoxon, da er doch einerseits eine hohe körperliche und motorische Inaktivität aufweist, andererseits aber eine hohe neurologische Aktivität und Modulationen verschiedener Körperfunktionen nachgewiesen werden können.

Forschern ist es nun erstmals gelungen, eine wesentliche Funktion des Schlafens zu entschlüsseln: Der Körper scheint im Schlaf vor allem Energie zu sparen. Im Gegensatz zum Wachliegen sollen sich diese Einsparungen etwa auf 134 Kilokalorien belaufen, was etwa einem Drei-Kilometer-Marsch eines Menschen entspricht, der 68 Kilo wiegt.

Unter kontrollierten Laborbedingungen ermittelte ein amerikanisches Forscherteam der University of Colorado unter der Leitung von Kenneth Wright innerhalb einer Schlafstudie an sieben Freiweilligen, wie viel Energie der Körper durch reines Schlafen einsparen kann. Dazu mussten die Testpersonen sich in einem präparierten, etwa zehn Quadratmeter großen Zimmer mit Bett, Fernseher und Nasszelle aufhalten und acht Stunden pro Tag schlafen. Allerdings folgte auf den ersten »normalen Tag« nach acht Stunden Schlaf und 16 Stunden Wachzustand ein Tag Schlafentzug, sodass die Probanden vierzig Stunden lang nicht mehr schliefen. Erlaubt war in dieser Zeit ausschließlich reden, lesen und Filme schauen, also keine körperlichen Aktivitäten.

Es zeigte sich in der Auswertung, dass die Probanden trotz ihrer körperlichen Inaktivität während der 24 Stunden ohne Schlaf deutlich mehr, genauer genommen ein

Drittel mehr, Energie verbrauchten (besonders in der Nacht), als mit einer regulären nächtlichen Schlafphase.

Diese Erkenntnis soll natürlich nicht dazu verleiten, Schlafentzug als Mittel der Wahl zur Gewichtsreduktion einzusetzen. Denn wie weitere Studien zeigen, tritt bei dauerhaftem Schafentzug vielmehr genau das Gegenteil ein.

Unser Schlaf reguliert nämlich außerdem auch viele der endokrinen Vorgänge in unserem Körper, also derjenigen Prozesse, bei denen Stoffe in unser Blut und unsere Zellen abgegeben werden, so auch unseren Hormonhaushalt. Beispielsweise werden während des Schlafs in erhöhtem Maße Wachstumshormone produziert, die ganz wesentlich mit unserer Körpergewichtsregulation in Zusammenhang stehen und diese positiv beeinflussen. So wird zum Beispiel das appetithemmende Leptin mit steigender Schlafdauer vermehrt ausgeschüttet. Darüber hinaus wird mit längerer Schlafdauer auch vermehrt körpereigenes Kortisol, das entzündungshemmend wirkt, freigesetzt, was sich positiv auf das Immunsystems auswirkt. Schlaf hilft also, den vielen kleinen Beschwerden im Alter zu begegnen.

An der Harvard Medical School wurde im Jahr 2010 zudem festgestellt, dass der Körper zwar einerseits über Nacht Energie einspart, aber andererseits »darauf achtet«, die Energiereserven unseres Gehirns wieder aufzufüllen. Obwohl dies bisher nur an Mäusen getestet wurde, scheint eine Übertragung auf den Menschen durchaus realistisch zu sein. Demnach gehen die Wissenschaftler um Radhika Basheer davon aus, dass eine unbeschwerte Nachtruhe dazu beiträgt, dass vor allem in den frühen Stadien des

Schlafs ein wahrhafter Energieschub einsetzt, der besonders auf die im Wachzustand aktiven Hirnareale Einfluss zu haben scheint: Besonders ein Anstieg des sogenannten Adenosintriphospats, dem wichtigsten Energielieferanten für den Körper, der an einer Vielzahl lebenswichtiger Stoffwechselvorgänge beteiligt ist. Interessant war hierbei, dass diese ATP-Erhöhung nur im Schlafzustand eintrat und entfiel, wenn die Mäuse während ihrer regulären Schlafenszeit wach gehalten wurden.

Im Wachzustand können demnach bestimmte, von der inneren Uhr unabhängige, biochemische Erholungsprozesse nicht in Gang gesetzt werden, da dies am Tage zu viel Energie beanspruchen würde. Die verringerte Hirnaktivität im Schlaf signalisiert dem Körper höchstwahrscheinlich, die Wiederauffüllung der Energievorräte zu veranlassen.

Aber unser Gehirn wird während des Schlafens nicht nur energetisch gut versorgt, es vollbringt auch Höchstleistungen im Schlaf. Ja, Sie haben richtig gehört. Im Schlaf – so ein Forscherteam aus Lübeck – prägen sich Erinnerungen, die das Gehirn als wichtig einstuft, besser ein. Um dies zu testen, sollten sich 191 Freiwillige vierzig Wortpaare einprägen, wobei die Hälfte der Teilnehmer ganz normal schlafen sollte und darauf hingewiesen wurden, dass sie zehn Stunden später erneut nach den Wortpaaren gefragt würden. Die andere Hälfte bekam letztere Information nicht. Ein Teil der Teilnehmer durfte während der zehn Stunden schlafen, die anderen wurden wachgehalten.

Wie zu erwarten schnitt die Gruppe am besten ab, die

zum einen schlafen durfte und zum anderen wusste, dass sie erneut befragt werden würde. Dies stellte sich im EEG so dar, dass sich die Aktivität der für die Merkfähigkeit so wichtigen langsamen Wellen während des Tiefschlafs bei der »Schlafgruppe« erhöhte.

Ein gesunder Schlaf scheint also dafür Sorge zu tragen, dass Informationen gemäß ihrer Wichtigkeit oder ihres Nutzens langfristig im Gedächtnis abgespeichert werden können. Wir lernen im Schlaf. Jetzt wissen wir auch endlich, warum wir uns Bücher unter das Kopfkissen legen sollten.

An dieser Stelle wird deutlich, dass wir beim Schlafen keinesfalls inaktiv sind, sondern gesammelte Erlebnisse mit den einhergehenden Sinneseindrücken, Gefühlen und Emotionen verarbeiten und abspeichern, was sich oft in Form von Träumen wiederspiegelt. Der Traum stellt sich dann als Erinnerung an das dar, was im Schlaf bewertet wurde. Ob wir uns an den Traum erinnern oder nicht, hängt davon ab, inwiefern wir beim Erwachen wiedergeben können, was vor dem Erwachen passiert ist, und das wiederum ist davon abhängig, wie lange der Traum zurückliegt.

Träume können generell in verschiedene Gruppen eingeteilt werden. REM-Träume werden meist als bildreich und sehr intensiv erlebt, Non-REM-Träume sind hingegen kürzer, weniger intensiv und vergleichsweise gedankenartig. Darüber hinaus gibt es Einschlafträume, an die man sich meist nicht erinnern kann und die eine Fortsetzung von Gedankenflüssen vor dem Einschlafen sind.

Daneben gibt es die Kategorie der Albträume und posttraumatischen Wiederholungen (zum Beispiel von Kriegserlebnissen), die als unangenehm erlebt werden und in der Regel zum Erwachen führen. Entgegen früheren Theorien ist man sich heute jedoch sicher, dass in jedem Schlafstadium auch geträumt wird, dass der Mensch während seines gesamten Schlafs hindurch träumt.

Ganz anders verhält es sich hingegen, wenn unsere Nervenzellen »träumen«, obwohl wir wach sind, und das oft lange bevor wir die Müdigkeit bewusst wahrnehmen. Dies wird einem höchstens dadurch bewusst, dass uns schon bei einfachsten Tätigkeiten Fehler unterlaufen.

Ein US-amerikanisches Team von Neurologen der University of Wisconsin-Madison unter der Leitung von Vladyslav Vyazovskiy hat herausfinden können, dass sich bereits bei kleinsten Anzeichen von Erschöpfung einzelne Nervenzellen abschalten, sodass das Gehirn nicht mehr auf seine volle Leistungsfähigkeit zurückgreifen kann und Funktionen wie Aufmerksamkeits- und Wahrnehmungsfähigkeit abnehmen, selbst wenn uns das oft gar nicht bewusst wird.

Auch wenn in diesem Versuch lediglich die Hirnströme von Ratten unter Schlafentzug getestet wurden, so sind die Forscher der Meinung, dass die Versuche einen zuverlässigen Rückschluss auf den Menschen zulassen. Sie erhoffen sich auf diese Weise auch Erkenntnisse über die Entstehung von anderen Schlafstörungen, die das Schlafwandeln oder das Restless-Legs-Syndrom (chronischer Bewegungsdrang in den Beinen) erklären könnten.

Exzessiver Schlafmangel kann ganz offensichtlich zu

solch starken Veränderungen des Hirnstrommusters führen, dass für kurze Zeit das gesamte EEG verändert sein
kann.

- *Kämpfen Sie einige Tage gegen die Schläfrigkeit am Tag an, bis Sie sich daran gewöhnt haben, nur einen kurzen Mittagsschlaf am Tag zu machen.*
  Pflegen Sie soziale, mentale und physische Aktivitäten, um den Tag-Nacht-Kontrast zu unterstützen.

Ich hoffe, dass Sie jetzt gut schlafen werden. Denn gerade in der zweiten Lebenshälfte haben wir die besten Chancen, dass sorgenfreies Denken uns tief und zufrieden schlummern lässt.

Nachwort – Das neue Altern

Hätten Sie erwartet, so viel Positives über die Lebensphase zu lesen, in die Sie demnächst eintreten oder in der Sie bereits stecken?

Ist es nicht gut zu wissen, dass die Phase, die wir als »Alter« bezeichnen, immer länger wird? Vielleicht wird jeder heute geborene Mensch einmal hundert Jahre alt. Und auch Sie können sich darauf freuen, das Älterwerden lange genießen zu können.

Und jetzt wissen Sie vielleicht auch ein wenig mehr darüber, was sie dann so erwartet. Eigentlich wissen Sie genauso viel wie all die Gerontologen, Mediziner, Biologen und Soziologen. Die haben nämlich auch keine Antwort auf die Frage, wie genau das neue Altern eigentlich abläuft und was es für uns bereithält.

Die Gesellschaft verändert sich, und alle Aussagen dazu stehen auf wackeligen Füßen. Vorbilder und verlässliche Analysen sind Mangelware und deswegen auch immer nur eingeschränkt auf die eigene Person zu beziehen. Das wird schon alleine daran deutlich, wie widersprüchlich die Berichte sind, die wir über das Alter und das Altern lesen. Viel zu häufig wird dabei jedoch ein düsteres Bild gezeichnet, das von Pflegebedürftigkeit, Armut und geistigem Verfall handelt.

Wir hoffen, dass wir Sie mit unserer eher »euphorischen« Sicht auf die jungen Alten, die durch hinzugewonnene Lebensjahre wertvolle Zeit für sich gewinnen, davon überzeugen konnten, dass das Älterwerden gar nicht so übel ist und viele neue Chancen mit sich bringt.

Die Zeitspanne, in der wir alt sind, bietet enorme Möglichkeiten, die nur derjenige wahrnehmen kann, der diesen natürlichen Prozess, dem alle Menschen unterliegen, akzeptiert und sich darauf einlässt. Sich gegen den Wandel zu wehren und ihn zu verleugnen, wäre nach unserer Auffassung der verkehrte Weg.

Der Traum von den jungen Alten ist alles andere als unrealistisch. Es ist heute nicht mehr leichtsinnig, sich auch mit siebzig noch ein Motorrad zu kaufen, eine neue Sportart zu beginnen oder einfach mal in eine andere Umgebung zu ziehen. Das mag zwar bei dem einen oder anderen Stirnrunzeln hervorrufen, aber was soll's? Wir leben schließlich nur einmal, und im Alter haben wir sehr gute Voraussetzungen dafür, dass wir dieses Leben auch genießen können.

Das, was wir uns in der Jugend immer gewünscht haben, kann jetzt Realität werden. Nur tun müssen wir es selbst – das ist alles. Schauen Sie dabei auch einmal dorthin, wohin Sie bisher noch nie geschaut haben. Nur unter dem Lichtschein der Laterne zu suchen, die man zu Hause vor der Tür stehen hat, ist oft nicht ausreichend. Wenn wir nach Dingen suchen, die vorher im Schatten lagen, eröffnen wir uns die großartige Chance, in der zweiten Hälfte des Lebens all jene Seiten unserer Persönlichkeit zu verwirklichen, die bisher vielleicht zu kurz gekommen sind.

Ich jedenfalls spüre diese Unruhe, Neues erfahren zu wollen. Wohin der Weg uns führt, müssen auch wir ausprobieren, denn dafür gibt es keine Gebrauchsanweisung.

»Werden Sie einfach Sie selbst«, das legen auch die wissenschaftlichen Ergebnisse zum Thema »Alter« nahe. Tun Sie doch einfach das, was Sie wirklich wollen und was Sie glücklich und zufrieden macht. Angst vor dem Altern jedenfalls brauchen wir keine zu haben. Brechen wir also auf in die zweite Hälfte – es liegt viel vor uns!

Literaturquellen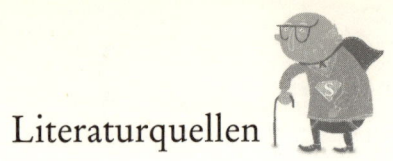

Basaria, S.; Coviello, A. D.; Travison, T. G. et al.: *Adverse Events Associated with Testosterone Administration.* New England Journal of Medicine. 2010: 363:109–122 July.

Buettner, D.: *The Blue Zones. Lessons for living longer from the people who've lived the longest.* National Geographic 2008.

Froböse, I., Hamm, M.: *Vital ab 50: Ihr Ernährungs- und Bewegungsprogramm.* Verlag Hirzel 2006.

Froböse, I.; Wallmann, B.: *Bewegung und Sport – Heilkraft für das Gehirn.* Anti Aging for Professionals 2. 2006: 86–92.

Froböse, I.: *Versteckte Krankheiten – wie Sie sie stoppen, bevor sie ausbrechen.* Graefe und Unzer 2008.

Ganten, D.; Spahl, T.; Deichmann, T.: *Die Steinzeit steckt uns in den Knochen.* Piper Verlag 2011.

Greiser, E.; Günther, J.; Niemeyer, M.; Schmacke, N.: *Weibliche Hormone – ein Leben lang. Mehr Schaden als Nutzen?* (2000). Bremer Institut für Präventionsforschung und Sozialmedizin (BiPS)./Wissenschaftliches Institut der AOK (WIdO) (Hrsg.), Bonn/Bremen 2000.

Gruss, P.: *Die Zukunft des Alterns: Die Antwort der Wissenschaft.* Beck, München 2007.

Kruse, A.: *Gesund altern. Schriftreihe des Bundesministeriums für Gesundheit.* Nomos Verlag 2002.

Kruse, A., H.-W. Wahl: *Zukunft Altern: Individuelle und gesellschaftliche Weichenstellungen,* Spektrum Akademischer Verlag, 2009.

Otten, D.: *Die 50+ Studie – Wie die jungen Alten die Gesellschaft revolutionieren.* Rowohlt 2008.

Pfeifer, K.; Ruhleder, M.; Brettmann, K.; Banzer, W.: *Effekte eines koordinationsbetonten Bewegungsprogramms zur Aufrechterhaltung der Alltagsmotorik im Alter.* Deutsche Zeitschrift für Sportmedizin. 2001; 52(4): 129–135.

Pöppel, E.: *Der Rahmen. Ein Blick des Gehirns auf unser Ich.* Hanser Verlag 2006.

Reitz, M.: *Prinzip Uhr-Gen. Wie unser Altern programmiert ist.* Hirzel Verlag 2007.

Rost, R.: *Sport- und Bewegungstherapie bei Inneren Krankheiten.* Lehrbuch für Sportlehrer, Übungsleiter, Physiotherapeuten und Sportmediziner. Deutscher Ärzte Verlag GmbH, Köln 2005.

Schmidt, D., Strüder, H.K.; Krause., B.J. et al: *Ausdauertraining auf die zerebrale Repräsentation episodischer Gedächtnisvorgänge im Alter.* Deutsche Zeitschrift für Sportmedizin. 2001; 52(12): 369–376.

Stuck, B.A.; Maurer, J.T.; Schredl, M.; Weeß, H.-G.: *Praxis der Schlafmedizin. Schlafstörungen bei Erwachsenen und Kindern. Diagnostik, Differentialdiagnostik und Therapie.* Springer Medizin Verlag, Heidelberg 2009.

Werner, C., Hanhoun, M., Widmann, T. et al: *Effects of physical exercise on myocardial telomere-regulating proteins, survival pathways, and apoptosis.* J Am Coll Cardiol. 2008 Aug 5;52(6):470–82.

Wu, F.C.; Tajar, A.; Beynon, J.M.; Pye, S.R.; et al.: *Identification of late-onset hypogonadism in middle-aged and elderly men.* N Engl J Med. 2010 Jul 8;363(2):123–35.

Gesundheit zum Nulltarif – Doping mit allem, was die Natur zu bieten hat

Hademar Bankhofer/
Peter Großmann
NATURDOPING
Fit ohne fiese Tricks
Praktische Tipps aus
der Natur
224 Seiten
mit zahlreichen
Abbildungen
ISBN 978-3-404-60654-2

Eine Möhre am Morgen, eine Treppe am Abend. Kann Gesundheit so einfach und Sport so beiläufig sein?

Ja, sagen die beiden Ernährungs- und Gesundheitsexperten. Sie zeigen, wie Sie sich im Alltag fit halten ohne zu schwitzen, und wie sich jeder gesund ernähren kann, ohne seine Geschmacksnerven zu beleidigen. Dazu müssen Sie keinen theoretischen Kurs absolvieren, keine neuen Rezepte auswendig lernen, sondern nur ein paar Tipps beherzigen, die sich leicht in den Tagesablauf einfügen lassen.

Natürlich Sport, natürlich gesund – ganz ohne Fitnessclub, Elektrolytgetränke und komplizierte Trainingspläne.

Bastei Lübbe Taschenbuch

»Ein Lebensweg, der sich liest wie ein Abenteuerroman«

STERN

Claudia Sewig
DER MANN, DER DIE
TIERE LIEBTE
Bernhard Grzimek
Biografie
480 Seiten
mit zahlreichen
Abbildungen
ISBN 978-3-404-60661-0

Die spannenden Afrikareisen, der Kinofilm *Serengeti darf nicht sterben*, die Sendereihe *Ein Platz für Tiere* – der Name Bernhard Grzimek weckt noch heute zahlreiche Erinnerungen. Sein Einsatz für den Naturschutz war beispielhaft und als Abenteuer und Visionär ließ er sich von keinen Konventionen einschränken: In der Öffentlichkeit war er der seriöse Wissenschaftler, privat sammelte er Scherzartikel. Er heiratete die Witwe seines Sohns und starb einsam während einer Zirkusvorstellung. Claudia Sewig zeichnet ein differenziertes Bild des großen Tierfilmers und zeigt dabei seine bisher unbekannten Seiten.

Bastei Lübbe Taschenbuch

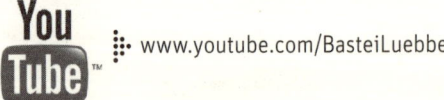